Gerecht geht anders

Paul Schobel

Gerecht geht anders

Anstöße für eine humane Arbeitswelt
und eine geschwisterliche Gesellschaft

Mit einem Vorwort von Leni Breymaier, MdB

Schwabenverlag

VERLAGSGRUPPE PATMOS

**PATMOS
ESCHBACH
GRÜNEWALD
THORBECKE
SCHWABEN
VER SACRUM**

Die Verlagsgruppe
mit Sinn für das Leben

Für die Verlagsgruppe Patmos ist Nachhaltigkeit ein wichtiger Maßstab ihres Handelns. Wir achten daher auf den Einsatz umweltschonender Ressourcen und Materialien.

Umschlaggestaltung: Finken & Bumiller, Stuttgart
Umschlagabbildung: cigdem/Shutterstock.com
Gestaltung, Satz und Repro: Schwabenverlag AG, Ostfildern
Druck: GGP Media GmbH, Pößneck
Hergestellt in Deutschland
ISBN 978-3-7966-1779-9

Inhalt

Vorwort *(Leni Breymaier, MdB)*. 9

»Die im Dunkeln sieht man nicht« (Bert Brecht) 11

Versklavt an die Arbeit? 12
Die »Dienstleistungsklasse« 15
Kapitäne der Landstraße? 17
»Wir bauen für Sie« 19
»Gehandicapt« 21
»Die im Dunkeln sieht man nicht«. 23
Stress an der Ladenkasse. 25
Cloud Working. 27
Von Nachteulen und Maulwürfen 29
Arbeit schützt vor Armut nicht. 31
Einer trage des anderen Last 33
Burnout 35
Mobbing 37
Doping am Arbeitsplatz 39

»Diese Wirtschaft tötet« (Papst Franziskus) 41

»Kommt und kauft ohne Geld« 42
Krach am Sinai 45

Marx und Maria 47
Die Finanzkrise und die Provokation auf dem
Tempelplatz 49
»Paradise-Papers« 51
Chlor-Hähnchen und Gen-Mais? 53
Arsenale des Todes. 55
An Ihrem Handy klebt Blut! 57
Regelkreise 59
Colt oder Kugelschreiber? 61

»Unsere ganze Gerechtigkeit ist wie ein schmutziges Gewand« (Jesaja 64,5)

»Unsere ganze Gerechtigkeit ist wie ein
schmutziges Gewand« (Jesaja 64,5) 63

Der reiche Prasser und der arme Lazarus 64
Mit der Bergpredigt Politik machen! 67
Sorget nicht ängstlich? 69
Alt, arm und einsam 71
Mieter sind keine Zitronen. 73
Bezahlte Familienarbeit? 75
Tafelläden 77
Stromabschaltung 79
Ist unser Gesundheitssystem krank? 81
Angeprangert 83

Das Leben lieben und die Liebe leben

Das Leben lieben und die Liebe leben 85

Gott ist bei den Armen 86
Liebe – stark wie der Tod 89

»Wer nicht liebt, bleibt im Tod« 91
Sein Leben hingeben für den andern? 93
Herbergssuche (Advent/Weihnachten) 95
Werden wie die Kinder (Weihnachtszeit) 97
Gewalt gegen Kinder 99
Leben und Weben (Neujahr) 101
Muttertag 103
Weggesperrt 105
Wertstoffe 107
Zum Lachen (Fastnacht/Fasching/Karneval) 109
Streicheleinheiten 111

»Eine Kirche, die nicht dient, dient zu nichts«
(Bischof Jacques Gaillot) 113

Anrüchig 114
Missbrauch 117
Gewalt gegen Frauen 119
Brennen für die Armen (Laurentius – 10. August) 121
Die Pflege liegt am Boden 123

»Wir sind noch nicht im Festsaal angelangt, aber wir sehen schon die Lichter und hören die Musik«
(Ernesto Cardenal) 125

Sind Christen Revolutionäre? 126
Christus lebt in unserer Schwachheit
(Karfreitag/Ostern) 129

»Sie haben Ihren Bestimmungsort erreicht« (Ostern) 131
»Meine lieben Sterblichen«
(Allerseelen – 2. November) 133
Vielleicht hält uns eine große Hand 135

Mit Paul Schobel im Gespräch 137

Vorwort

Was für eine großartige Idee, einige von Paul Schobels »Anstöße« zum Tag in diesem Buch zusammenzutragen.

Als Leserin und Leser halten Sie gerade ein für diese Gesellschaft beschämendes zeitgeschichtliches Dokument in Händen.

Paul Schobel ist es immer gelungen, morgens kurz vor sechs und kurz vor sieben, Menschen, die vermeintlich am Rand stehen, ins Zentrum der Aufmerksamkeit zu rücken. Er verfügt über das großartige Talent, das Bauchgrummeln Vieler in Worte zu fassen.

Seine warme Stimme mit dem schwäbischen Einschlag schickt uns seit Jahrzehnten hinein in einen neuen Tag. Nicht mit Wohlfühlgedanken, sondern mit einem leichten Tritt.

Paul Schobel kannte ich schon vom Radio, bevor ich diesem Mutmacher persönlich begegnet bin. Frauen, die es zum ersten Mal in ihrem Leben wagten, sich gegen schlechte Arbeitsbedingungen zur Wehr zu setzen, zu streiken, trotzig, aber entschlossen auf Kundgebungen zu protestieren – diesen Frauen hat Paul Schobel als Betriebsseelsorger den Rücken gestärkt und ihnen ihre Würde zurückgegeben. Denn ihr Einsatz war ja hoch riskant!

Der Satz »Wohltätigkeit ist das Ersäufen des Rechts im Mistloch der Gnade« wird Pestalozzi zugeschrieben. Als ich mit der ersten Schlecker-Frau telefonierte, die nach dem Verlust des Arbeitsplatzes ihre Heizölrechnung nicht bezahlen konnte, warf ich diesen Ansatz erst einmal über den Haufen. Ich rief bei Paul Schobel an. Schlug ihm vor, unter dem Dach seiner bereits bestehenden Stiftung einen eigenen Hilfs-Fonds für die »Schlecker-Frauen« zu errichten. Völlig unkompliziert nahm Paul Schobel diese Idee auf und setzte sie um. So konnte vielen Frauen schnell und unbürokratisch, aber wirksam geholfen werden.

Eines weiß Paul Schobel genau: Der Markt richtet es nicht. Der Markt sorgt nicht für eine intakte Umwelt. Er kümmert sich nicht aus sich heraus um gute Arbeitsbedingungen. Dem Markt ist Gerechtigkeit egal. Darum gibt es auf der Welt mehr Sklavinnen und Sklaven als je zuvor. Wir brauchen mehr Staat, nicht weniger, und zwar um der Gerechtigkeit willen. Wir brauchen Menschen, die es wagen, etwas zu verändern. Und es braucht Menschen, die dazu Mut machen. Menschen wie Paul Schobel.

Gesellschaftliche Missstände benennen, jeden Menschen wertschätzen, helfen, wo immer es nottut, und dabei niemanden aus seiner eigenen Verantwortung entlassen – das ist Paul Schobel.

Aber lesen Sie selbst!

Leni Breymaier, MdB

»Die im Dunkeln sieht man nicht«

(Bert Brecht)

Versklavt an die Arbeit?

Im Alten Testament, im Buch Deuteronomium (26,4–10), bekennt sich das Volk Israel in seinem »historischen Credo« zu seinem Gott, der es »*mit starker Hand und erhobenem Arm, unter großen Schrecken und unter Zeichen und Wundern*« aus der Fron-Sklaverei Ägyptens herausgeführt hat.

Wenn uns heute diese Erfahrung vermittelt wird, so bedeutet das nichts anderes, als dass auch wir in solche Gefangenschaft geraten können und so sehr in Arbeit auf- und darin untergehen, dass unser ganzes Leben nur noch um einen einzigen Fixstern kreist: die Erwerbsarbeit. Sie fordert vielen Menschen das Letzte ab an Kraft und an Zeit, lässt ihnen kaum noch Spielraum. Spiel-Raum für die andere Seite des Lebens, für Liebe, für Begegnung, für Muße und Kultur.

Selbst sonntagsmorgens surren zu Hause die Laptops, werden Manuskripte erarbeitet, Mails gecheckt, Tabellen berechnet, Telefonate geführt. Denn die sechs Tage der vergangenen Woche haben wieder einmal nicht ausgereicht, um die gebieterischen »To-do-Listen« abzuarbeiten. Und morgen beginnt unerbittlich der neue Wettlauf gegen den Zeiger. Andere packen jetzt schon wieder ihre Siebensachen, denn am Sonntagnachmittag ist Schluss mit lustig: Fernpendler, die sich in dieser globalen Arbeitswelt auf den Weg machen müssen. Auf Bahnhöfen, Raststätten und Flughäfen schaut man in ihre oft traurigen Gesichter. Die wenigsten werden daran etwas ändern können. Denn wer nicht spurt, bekommt schnell zu hören oder noch mehr zu fühlen, dass er hier nicht länger hingehört.

Die Menschen in der Arbeitswelt von heute sind ständig mit »Äußeren Antreibern« konfrontiert. Das sind knallharte Zielvorgaben, ein immenser Termindruck und überzogene Gewinnerwartungen.

Oft kommen zu den äußeren auch noch »Innere Antreiber« hinzu: Ehrgeiz, Karriere, Stolz. Man will sich selbst beweisen, was man kann, und es den anderen mal so richtig zeigen! Ehe man sich versieht, wird man geradezu süchtig nach Arbeit wie nach einer Droge. »Workalholics« nennt man die Suchtkranken der Arbeitswelt.

Martin Luther war, soviel man weiß, auch auf dem besten Weg, in eine solche Abhängigkeit zu geraten, hätte er nicht rechtzeitig gegengesteuert. Er verstand es, immer wieder »*von seinen mannichfaltigen Arbeiten auszuruhen*«, schreibt einer seiner Biografen und verrät Luthers Anti-Stress-Programm: »*Die Drechselbank, die Musik und die Gartenarbeiten gewährten ihm Erholung.*«[1]

Ist uns eigentlich bewusst, dass der Gott der Juden, der auch der Gott der Christen ist, solche Arbeits-Fron nicht duldet? Er führt mit mächtigem Arm hinaus ins Leben. In seinem Namen müssen sich die Kirchen schützend vor diese Menschen stellen, die unter ihrer Arbeitslast fast zu-

---

[1] Gotthilf Hartung: »Katechetenschule zum Lehren und Lernen«, 1827.

sammenbrechen. Wir alle müssten eintreten für eine humane Arbeitswelt, in der die Lasten gerechter verteilt sind. Denn Arbeit hat nicht das Recht, ein Menschenleben total zu besetzen. Unser Lebenshaus besteht nicht nur aus einem Arbeitszimmer!

Wer sich in der Sackgasse der Arbeitssucht verrennt, ist am Ende um sein Leben betrogen. Allen ist nämlich ein *»gelobtes Land«* verheißen, *»in dem Milch und Honig fließen«* (Exodus 3,8). Und das sind Symbole des Genusses, der Lebensfreude, des Glücks. Dem dürfen wir nicht auch noch selbst im Wege stehen.

Die »Dienstleistungsklasse«

Zugegeben: Das ist kein appetitliches Thema. Gestatten, dass ich Ihnen vorstelle: Ivanca, 45 Jahre alt, Toilettenfrau auf dem Flughafen. Seit heute früh um halb sechs dreht sie dort wieder mit dem Putzwägelchen ihre Runden. Im Akkord übrigens, denn alle zwei Stunden muss sie die »Stillen Örtchen« in ihrem Areal auf Hochglanz bringen. Viel zu knapp getaktet, denn man kann sich ja denken, auf welche Hinterlassenschaften sie mancherorts trifft.

Ivanca hatte zuvor in der Metallindustrie gearbeitet, bis die Bude hopsgegangen war. Danach fackelte die Arbeits-Agentur nicht lange, und Ivanca musste diesen Job annehmen. Mit 9 Euro in der Stunde bekommt sie etwas mehr als den für die Branche geltenden Mindestlohn. Den würde sie liebend gerne mit den vielen leeren Pfandflaschen etwas aufpäppeln, aber das ist strengstens verboten. Mit ihrer etwas anrüchigen Arbeit hat Ivanca keine Probleme. Doch leider wird sie in wenigen Monaten ihre Gummihandschuhe endgültig abstreifen und das Putzwägelchen an eine Nachfolgerin übergeben müssen. Dieser Reinigungskonzern stellt nämlich nur befristet ein. So umgeht der Saubermann Kündigungs- und Mutterschutz und eine höhere Entlohnung.

Mehr als der strenge Geruch den lieben langen Tag stinkt Ivanca manchmal die borierte Kundschaft, die wortlos, grußlos an ihr vorübereilt, ohne sie auch nur eines Blickes zu würdigen. Aber immer wieder schenken ihr welche ein Lächeln, ein Dankeschön. »Davon lebe ich den ganzen Tag«, sagt sie, denn diese Währung wiegt mehr als das bisschen Trinkgeld, das sie hin und wieder auch zugesteckt bekommt.

Die Frauen waren auch schon in biblischen Zeiten die »Aschenputtel« der Nation, und ihre Arbeit war nichts wert. Anders bei Jesus: Er weiß Frauenarbeit sehr wohl zu schätzen, die Schwerstarbeit der teigknetenden Frau etwa oder den Dienst der Martha in Haushalt und Küche.

Niemand von uns möchte am diskreten Ort auf Ivancas Dienstleistung verzichten. Aber wie gehen wir mit denen um, die man verächtlich die »Dienstleistungsklasse« nennt und die ständig hinter uns her wischen? Was sind uns Sauberkeit und Komfort wirklich wert?

Wenigstens sollte der Arbeitsplatz sicher sein. Und gut bezahlt dazu! Das ist doch nicht zu viel verlangt!

Und wir könnten auch mal ein Lächeln und ein Dankeschön übrighaben.

Kapitäne der Landstraße?

Schon am frühen Morgen kriechen sie nach einer unruhigen Nacht aus ihren Schlaf-Kojen, brühen sich rasch eine Tasse Kaffee und schwingen sich dann auf den Bock: die Brummi-Fahrer, die Kapitäne der Landstraße. Von der alten Kapitänsherrlichkeit ist allerdings wenig übrig geblieben. Für die Fahrer beginnt nun ein neuer Kampftag: Kampf gegen den Uhrzeiger, stets die Tachonadel im Auge. Kampf gegen die Müdigkeit und den drohenden Sekundenschlaf. Die schlimmste Herausforderung steht erst noch bevor: Der Kampf um einen der knappen Stellplätze am Abend. An manchen Raststätten parken die Laster sogar auf dem Standstreifen. Einfach weiterfahren? Das verbieten die gesetzlichen Lenk- und Ruhezeiten.

Trotz verschärfter Kontrollen sitzen immer noch viele Fahrer manchmal 60–80 Stunden in der Woche hinterm Lenkrad. Wenn es kracht, ist bei den meisten LKW-Unfällen Übermüdung im Spiel. Kaum ein Tag, da nicht von einem Schlachtfeld auf einer Autobahn mit Toten und Verletzten zu hören ist. Die Fahrer tragen nicht allein die Schuld. Kilometerlange Staus oder Baustellen bringen den Zeitplan durcheinander. Manche bekommen Druck von ihren Disponenten, jetzt endlich mal einen Zahn zuzulegen. Die verfolgen ihre Trucks über GPS sowieso auf Schritt und Tritt.

Im Cockpit sitzt stets eine ungebetene Beifahrerin: die Angst. Die Angst, den Vorgaben nicht zu genügen und dann den Arbeitsplatz zu verlieren. Die Angst, im Verkehr straffällig zu werden oder gar einen Unfall zu verursachen. In den letzten Jahren hat man vielen Fahrern ihren Truck auf Pump angedreht. Nun fahren sie sich als Selbstständige auf eigene Rechnung um Kopf und Kragen, um finanziell über die Runden zu kommen.

Auf den Straßen tobt eine höllische internationale Konkurrenz. Sie geht zu Lasten der Sicherheit. Eine falsche Verkehrspolitik bringt immer noch mehr Güter auf die Straße statt auf die Schienen. Und wann wird endlich dem Unfug ein Ende gesetzt, dass die Industrie auf Kosten der Allgemeinheit ihre Lagerhaltung auf die Straße verlegt? »Just in time« – die punktgenaue Anlieferung von Teilen wird für viele Fahrer jeden Tag zur Zitterpartie.

Die Brummi-Fahrer im Fernverkehr sehen ihre Familien meist nur noch über Skype und WhatsApp. Ätzend sind die Sonntage, die man auf Park- und Rastplätzen vertrödelt – teilweise unter katastrophalen hygienischen Bedingungen.

Sprechen Sie doch mal welche auf dem Rastplatz an. Ihnen tut ein wenig Einfühlung und Verständnis gut! Die wenigsten von ihnen sind Rabauken, sondern Menschen voller Sehnsucht nach einem annehmbaren Leben und ein wenig Dank und Anerkennung.

Übrigens: Wenn's wieder einer besonders eilig hat, dann lassen Sie ihm doch mal die Vorfahrt.

»Wir bauen für Sie«

»Zehn Kilometer Stau!« – Bei dieser Durchsage im Verkehrsfunk zuckt man unwillkürlich zusammen: »Da brauchen Sie vierzig Minuten länger, bis Sie durch sind«, fügt der Sprecher mitleidsvoll hinzu. Für Ausweichmanöver ist es zu spät, ich stecke bereits mitten drin. In einer engen Baustelle stoppt die Karawane. Mürrische Gesichter hinter den Scheiben. Nebenan die Großbaustelle.

Eine Baukolonne erneuert in glühender Hitze die Fahrbahndecke. Viele Arbeiter schuften in der prallen Sonne. Andere sitzen hochkonzentriert in den Führerständen stampfender Maschinen oder am Steuer ihrer LKWs. Alle eingehüllt in die Dampfschwaden des glühenden Asphalts, die sich mit den Autoabgasen vermischen. Und alles inmitten einer tosenden Lärmglocke, in der man sich nur schreiend verständigen kann.

Zum Glück hat moderne Technik auch die Arbeit im Straßenbau erleichtert – sie bleibt dennoch Schwerstarbeit und verschleißt die Menschen frühzeitig. Während wir in den klimatisierten Blechkisten wie angekündigt in »vierzig Minuten durch sind«, sind es die Straßenbauer noch lange nicht! Oft reißen sie jede Menge Überstunden, arbeiten auch nachts und an Wochenenden. Denn der Termindruck seitens der Auftraggeber ist brutal.

Irgendwann werden hochrangige Politiker zur Schere greifen und die Strecke freigeben. Denn gebaut haben ja der »Bund« oder das »Land« und nicht die schwitzende Kolonne, die Männer in schweren Sicherheitsschuhen und teerverspritzten Overalls.

Mir kommen dabei immer die »Fragen eines lesenden Arbeiters« von Bert Brecht in den Sinn:

>»Wer baute das siebentorige Theben?
>In den Büchern stehen die Namen von Königen.
>Haben die Könige die Felsbrocken herbeigeschleppt?
>Und das mehrmals zerstörte Babylon
>
>Wer baute es wieder auf?
>[....]
>Das große Rom ist voll von Triumphbögen. Wer errichtete sie?«

Wenn es der stockende Verkehr erlaubt, winke ich den Gelbwesten jenseits der Leitplanke zu und rufe ein Dankeschön hinüber. Manche gucken verdutzt und können gar nicht fassen, dass sie gemeint sind. Die Männer sind eher gewohnt, dass man sie beschimpft und ihnen den Vogel zeigt. Dass sich da jemand bedankt, hat Seltenheitswert. Einige Male habe ich erlebt, dass sie freudig zurückgewunken haben.

»Gehandicapt«

Südlich des Tempelplatzes in Jerusalem lag zur Zeit Jesu das Städtische Thermalbad. Zugegeben, das ist etwas übertrieben. Gemeint ist der Teich Betesda, auf Deutsch: die »Stätte des Erbarmens«. Immer, wenn das Wasser – vermutlich durch starke Quellschüttung – aufwallte, kam es zu wundersamen Heilungen. In fünf Wandelhallen warteten die Kranken und Behinderten auf diesen Augenblick, um sich ins heilende Nass zu stürzen. Jesus, so erzählt der Evangelist Johannes (5,1–9), trifft einen Gelähmten, aber der kommt immer zu spät, weil keiner ihm hilft.

Im Wettbewerb ziehen Menschen mit Behinderung fast immer den Kürzeren, sagt mir diese Geschichte. Die Arbeitslosigkeit trifft sie doppelt und dreifach. Nur wenige Unternehmen erfüllen die gesetzliche Quote, die andern kaufen sich einfach frei. Die bringt man ja nicht mehr los, wird landläufig behauptet, denn Menschen mit Behinderung genießen einen verstärkten Kündigungsschutz: auf dem Papier! In drei Viertel aller Fälle führt die Kündigung durch den Arbeitgeber doch »zum Erfolg«, verrät die Statistik.

Eines ist sicher: Behinderte Menschen können und wollen arbeiten und – sie bringen Leistung. Ich bin immer wieder fasziniert, mit welchem Einsatz zum Beispiel ein spastisch gelähmter junger Mann sich ins Zeug wirft und mit ganzem Körpereinsatz und glühendem Herzen seine Teile fertigt. Das erfüllt ihn mit Stolz, das gibt ihm Bestätigung. Er gehört trotz seiner Einschränkungen einfach dazu. Gewiss, er ist nicht jeden Tag gleich gut drauf – wer von uns ist das schon! Muss man deswegen Menschen mit einem Handicap gleich ausgrenzen? Übrigens: Behinderung ist in den wenigsten Fällen angeboren, sondern zu 80 % die Folge von Krankheit oder Unfall. Keiner ist sicher!

In Deutschland müssen wir uns immer mal wieder schmerzlich jenen Wahn in Erinnerung rufen, dass in der Nazi-Diktatur über 70.000 geistig oder körperlich behinderte Menschen als »lebensunwertes Leben« getötet worden sind. Gerade wir haben also allen Grund, eine vorbildliche Politik, also auch eine vorbildliche Arbeitsmarktpolitik, für Menschen mit Behinderung auszugestalten. Eine humane Gesellschaft erkennt man daran, dass sie die Schwächeren nicht an den Rand drängt, sondern in die Mitte nimmt.

Der chronisch Kranke im Evangelium wird durch den Zuspruch Jesu gesund. Auch Sie haben vielleicht Kolleginnen und Kollegen mit Behinderung am Arbeitsplatz. Sie wollen keine Extra-Wurst gebraten bekommen, sie wollen nur eines: als Menschen wahr- und ernst genommen werden.

»Die im Dunkeln sieht man nicht«

Ein erster Schluck Kaffee, der Blick in die Morgenzeitung. Der Tag kann beginnen ...

Er hat schon längst begonnen, nämlich für jene, die uns in aller Herrgottsfrühe die Tageszeitung in den Kasten werfen. Wenn ich mal ganz früh aus den Federn muss, sehe ich die Zusteller wie graue Mäuse im Dämmerlicht der Laternen durch die Straßen huschen: Viele Frauen in Mini-Jobs, Rentnerinnen und Rentner, die ein paar Euro hinzuverdienen, ebenso wie manche Erwerbslose. Denen werden allerdings die paar Kröten – von einem Freibetrag abgesehen – gleich wieder vom Arbeitslosengeld abgezogen. Neuerdings haben manche Zusteller für eine geringe Zusatzentlohnung auch noch Briefe privater Post-Unternehmen zu befördern. Leider sind die Zeitungszusteller für einen dreijährigen Übergangszeitraum vom gesetzlichen Mindestlohn ausgenommen.

Zeitungszustellung: Ein Knochenjob morgens auf den Straßen, bei Wind und Wetter, bei Neuschnee im Winter und noch nicht geräumten Wegen. In den wenigsten Fällen wird geeignete und wetterfeste Kleidung gestellt. Zentnerschwer der Zustellwagen. Die Bezirke sind groß, die Wege weit und schlecht ausgeleuchtet, die Briefkästen oft zu klein. Aber wehe, wenn die Morgenlektüre mal nicht rechtzeitig im Kasten steckt. Dann hagelt es Beschwerden, und es gibt richtig Ärger. Dabei sind die Zusteller oft nicht einmal selber schuld daran. Etwa dann, wenn der Lieferwagen im Stau steckt oder wetterbedingt verspätet ankommt.

Weil man sie so gut wie nicht zu Gesicht bekommt, erhalten die Zustellerinnen und Zusteller auch kaum mal ein Dankeschön. Manchmal kennt man wenigstens den Namen dieser Frauen und Männer und könnte ihnen mal eine kleine Aufmerksamkeit in ihren Briefkasten stecken. Und dies nicht nur zu Weihnachten! Trifft man sie persönlich, freuen sie sich über jedes gute Wort des Dankes und der Anerkennung. Wenigstens sollten wir uns immer mal wieder bewusst werden, dass die Zeitung nicht von allein dahergeflogen kommt.

Was Bert Brecht eindrucksvoll in seiner »Dreigroschenoper« besingt, ist auch in unserer Gesellschaft Realität: *»Und man sieht nur die im Lichte, die im Dunkeln sieht man nicht ...«* In unserem Fall sind es aber nicht zwielichtige Gestalten wie »Mackie Messer«, sondern ehrbare und verantwortungsvolle Menschen, die uns einen wertvollen Dienst erweisen.

Eine humane Gesellschaft erkennt man daran, dass sie jene nicht übersieht, die im Verborgenen arbeiten.

Stress an der Ladenkasse

Heute steht noch Einkaufen auf dem Programm. Wenn ich kurz vor Ladenschluss mein Wägelchen zur Kassiererin schiebe, werden an ihr schon endlose Schlangen von Menschen vorübergezogen sein. Hausfrauen oder Hausmänner, strapazierte Eltern mit nervigen Kids, eilige Vesperholer vom Bau, alte Leute, die umständlich und zeitraubend im Geldbeutel nach Münzen kramen, lärmende Teenies und gestresste Berufstätige nach Feierabend.

Bis ich dran bin, hat die Frau von Kasse 3 schon tonnenweise Ware über den Scanner gezogen. Dabei muss sie ihre Augen überall haben. Langfinger sind unterwegs, mit immer neuen Überraschungen aus ihrer Trickkiste. Ungeduldige drängeln und quengeln und »Geheimagenten« der Geschäftsleitung machen zwischendurch ihre gefürchteten Probeeinkäufe und suchen die Kassiererin mit allen Raffinessen auszutricksen. Und abends schlägt noch die Stunde der Wahrheit: Stimmt die Kasse oder gibt es Miese?

Ich lese jedes Mal ein wenig im Gesicht dieser Frau, glaube zu erkennen, dass sie heute schon angeschrien und beleidigt worden ist, denn ich vermisse ihr sonst so freundliches Lächeln. Umgekehrt ist ihr auch anzusehen, wenn es ein wenig Lob und Anerkennung und ein paar freundliche Worte für sie gab.

Das ist ein harter Job, den da viele Frauen und wenige Männer um ein wahrhaft sauer verdientes Geld für uns tun. Viele arbeiten auf der Basis geringfügiger Beschäftigung und erwerben sich nicht einmal soziale Sicherung gegenüber den Lebensrisiken wie Krankheit, Arbeitslosigkeit und Alter. Die verlängerte Ladenöffnungszeit bedeutet zumindest jede zweite Woche, lange in den Abend hinein arbeiten zu müssen. Die Frauen fürchten danach die unsicheren Heimwege. Da bleibt nicht mehr viel an Kraft und Aufmerksamkeit übrig für die Kinder und den Partner, abgesehen davon, dass ja oft noch die Haushaltsarbeit zu erledigen ist.

Was wären Super-Märkte ohne solche Super-Frauen? Triste Lagerhallen und eiskalte Vorratskeller, nichts anderes! Die Konzernherren und Marktleiter wären gut beraten, ihr Personal schonender und pfleglicher zu behandeln und vor allem besser zu bezahlen. Denn als kritische Verbraucher und Verbraucherinnen starren wir nicht nur auf die Preise, sondern passen sorgfältig auf, ob man Recht und Würde der Mitarbeiter*innen beachtet und wie man mit ihnen im einen oder andern Laden umgeht. Davon könnten wir unser Einkaufsverhalten auch abhängig machen.

Und noch eins: Ein freundliches Dankeschön, ein Gruß und ein Lächeln an der Ladenkasse gibt's zum Nulltarif und kostet keinen Pfennig mehr!

Cloud Working

Die »Digitalisierung« ist gegenwärtig drauf und dran, die Arbeitswelt von Grund auf umzukrempeln. Manche Konzerne wollen sich von Tausenden ihrer hochqualifizierten Entwickler trennen und diese Arbeit in eine virtuelle Wolke stellen. Übers Internet können sich dann die Spezialisten weltweit um diese Aufträge bewerben, allerdings außerhalb eines Arbeitsvertrags, vielmehr als selbstständige »Arbeitskraft-Unternehmer«, als »Selbstvermarkter« sozusagen: »Cloud Working« nennt sich das auf Neudeutsch.

Was das für die Beschäftigten bedeutet, mag man sich gar nicht ausmalen. Sie müssen nun ständig in dieser Wolke stochern, ihre Haut zu Markte tragen, immer in Konkurrenz mit andern, um einen der begehrten Aufträge zu ergattern. Den Zuschlag bekommen sie erst, nachdem sie zuvor vom Unternehmen bis auf die Knochen durchleuchtet worden sind. Haben sie einen Happen erwischt, geht's am heimischen Computer mit Karacho zur Sache.

Schön, dass man nicht mehr zur Arbeit fahren muss und den Tag selbst einteilen kann. Wenn er nicht reicht, nimmt man halt die Nacht dazu. Was aber, wenn man monatelang leer ausgeht, weil kein Auftrag zu erwischen war? Ist da überhaupt eine langfristige Lebensplanung möglich? Kann man guten Gewissens eine Familie gründen? Renten- und Krankenversicherung bitte auf eigene Rechnung!

Und gegen Arbeitslosigkeit besteht für diese Schein-Selbstständigen keinerlei Schutz. Da wird die »Cloud« bald zur schwarzen Gewitterwolke.

Gewiss – auch die Gestalt der Erwerbsarbeit muss sich weiterentwickeln. In ihrer heutigen Form ist sie ja auch nicht gerade der letzte Schrei! Mehr Souveränität über die eigene Zeit, ein höheres Maß an Selbstständigkeit – das ist durchaus erstrebenswert!

In diesem Modell aber geht es ausschließlich um den Profit zu Lasten der Beschäftigten. Wo bleiben denn bei dieser Wolkenschieberei die Mitbestimmungsrechte? Da gibt's weder verbindliche Tarifverträge noch eine wirksame Interessenvertretung über einen Betriebsrat. Wie soll man gegen die Übermacht des Kapitals kollektive Gegenwehr entfalten?

Die Politik wird sich bald überlegen müssen, wie sie solche virtuellen Unternehmen, die aus der sozialen Verantwortung fliehen, in die Pflicht nimmt und welche Mindeststandards für »Cloud Working« notwendig sind. Denn »gute Arbeit« ist nur eine Arbeit mit Rechten und Würde.

Von Nachteulen und Maulwürfen

Während wir uns frühmorgens mühsam aus den Federn quälen, um zur Arbeit zu gehen, kehren andere müde und erschöpft von dort zurück. Die Krankenstationen in den Kliniken und Pflegeheimen wurden soeben übergeben, an vielen Dienststellen und in den Fabriken hat die Früh-schicht übernommen. Schätzungen zufolge wird für etwa 10 % aller Beschäftigten in Deutschland die Nacht zum Tage.[1] Manche melden sich freiwillig für die sogenannte Dauer-Nachtschicht, denn da ist gutes Geld zu verdienen. Die anderen aber müssen Nachtarbeit in rollierenden Schicht-Systemen einfach in Kauf nehmen.

Ich denke an meinen polnischen Freund Bartocz. Er hat die liebe lange Nacht hochkonzentriert mit dem Gabelstap-ler schwere Teile aus dem Hochregal entnommen, um sie in der Fabrik zu verteilen oder in den bereitstehenden Gü-terzug zu laden. Auch er fürchtet wie fast alle Nachtarbei-ter die beiden Stunden zwischen zwei und vier Uhr. Da fallen viele in ein tiefes Loch. Erhöhte Unfallgefahr ist die Folge, ebenso wie die steigende Fehlerhaftigkeit. Man sucht sich mit Kaffee über Wasser zu halten.

Wenn Bartocz am frühen Morgen von der Schicht heim-kommt, trinkt er mit seiner Frau Kaffee, bevor sie zur Ar-

---

[1] Statistisches Bundesamt – Mikrozensus 2018.

beit geht. Für ihn aber beginnt dann die Nacht. Aber nicht alle Nacht-Schichter sind geborene »Nachteulen« – im Gegenteil: Die meisten arbeiten gegen die innere Uhr – das schlägt durch aufs Nerven-Kostüm. Wer nachts arbeitet, reagiert oft gereizt, klagt über Herz- und Kreislaufprobleme und leidet vor allem an einem erheblichen Schlafdefizit. Ist ja klar: Wenn man frühmorgens einschlafen soll, müht sich sogar das Sandmännchen vergebens. Draußen tobt der Straßenverkehr, im Haus schlagen Türen und die Morgensonne sticht durch die Jalousien. Die Kinder finden's gar nicht lustig, ständig auf leisen Sohlen schleichen zu müssen. Der frühe Nachmittag ist dann für die meisten Tagschläfer schon wieder früher Morgen.

Auch gesellschaftlich leben die Nacht-Schicht-Leute im Abseits. Wo soll sich jemand, der wie ein Maulwurf kaum das Tageslicht erblickt, regelmäßig einbringen und mitmischen können? Familien, Freundschaft und Beziehungen leiden.

Niemand will nachts auf Polizei, auf Rettungsdienste und Pflege verzichten, nicht einmal auf die frische Laugenbrezel, die zu nachtschlafender Zeit gebacken wurde. Und denen, die beim Mondenschein die Produktion am Laufen halten, verdanken wir einen erheblichen Teil unseres Wohlstandes. Dennoch müsste die Nachtarbeit um der arbeitenden Menschen willen eingeschränkt werden. Man müsste sie auf lebensnotwendige Dienste beschränken.

Alle jene aber, die nachts arbeiten müssen und morgens zu Bett gehen, verdienen ein wenig mehr Achtung, Respekt und vor allem Dankbarkeit.

Arbeit schützt vor Armut nicht

»*Du sollst dem Ochsen zum Dreschen keinen Maulkorb anlegen*«, heißt es in einem Regelwerk im Alten Testament der Bibel (Deuteronomium 25,4). Wenn man schon das Hornvieh als vierbeinige Dreschmaschinen über die Tenne treibt, sollte es doch im Vorübergehen ein Büschel Heu oder Gras erhaschen dürfen.

Der Apostel Paulus bezieht dieses Wort in seinem Brief an die Korinther auf die arbeitenden Menschen: »*Der Pflüger wie der Drescher sollen ihre Arbeit in der Erwartung tun, ihren Teil zu erhalten*« (1. Korintherbrief 9,10).

Darauf hoffen gegenwärtig bei uns 23 % der Beschäftigten vergebens. Zwar hat nach langem Kampf das Mindestlohngesetz eine Lohn-Untergrenze fixiert und damit den schlimmsten Missbrauch der Arbeitskraft eingedämmt, doch der Mindestlohn ist in seiner jetzigen Höhe noch lange nicht existenzsichernd. Viele Geringverdienende müssen ihre Löhne, sofern sie die gesetzlichen Voraussetzungen erfüllen, über »Hartz IV« »aufstocken« lassen. Übrigens mit unseren Steuern und Abgaben!

Sozial und seelsorgerlich bedenklich, dass immer mehr Niedriglöhner zusätzlich ein zweites Arbeitsverhältnis eingehen müssen. Während normal Verdienende ihren Feierabend genießen oder kulturell, kirchlich oder politisch am Abend unterwegs sind, müssen die Klein-Verdiener noch einmal ausrücken, um irgendwo sauber zu machen, Pizzas auszufahren, Regale zu füllen oder Tankstellen zu bedienen. Wer sich so verausgaben muss, hat natürlich weder Zeit noch Kraft für Partnerschaft und Familie, Politik und Kultur – von den gesundheitlichen Folgen ganz zu schweigen.

Dass in einer so wirtschaftsstarken Nation Arbeit nicht mehr vor Armut schützt, ist eine Schande! Umso mehr, als durch solche Niedriglöhne auch noch die Altersarmut von morgen vorprogrammiert wird – ganz nach dem Motto: Einmal arm, immer arm ... Arme Alte aber liegen wiederum dem Staat auf der Tasche!

Billiglöhne beschädigen auch den wirtschaftlichen Wettbewerb. Unternehmen, die den Lohn ihrer Beschäftigten staatlich auffüttern lassen, konkurrieren jene gegen die Wand, die gerechte Löhne bezahlen.

»Du sollst dem Ochsen zum Dreschen keinen Maulkorb anlegen ...« – Eigentlich ein Fall für den Tierschutzverein! Wer aber schützt die zweibeinigen Arbeitstiere? Wirtschaft, Tarifparteien und die Politik müssen endlich dafür sorgen, dass arbeitende Menschen nicht länger vergebens ihrem gerechten Lohn hinterherjagen müssen.

Einer trage des anderen Last

In vielen Unternehmen werden alle vier Jahre die Beschäftigten an die Urnen gerufen. Sie wählen Frauen und Männer aus ihren Reihen in den Betriebsrat, der als gesetzliches Organ die Belegschaften vertritt. Betriebsräte werden nun in den nächsten Jahren Gesetze und Tarife überwachen und Sorge tragen für gerechten Lohn und humane Arbeitsbedingungen.

»Kein Honigschlecken«, sagt mir einer. Im einen Fall wird man als Streitschlichter gerufen, im anderen muss sich der Betriebsrat für jene verwenden, die – krank und angeschlagen – einfach nicht mehr mithalten können oder sich benachteiligt fühlen. Betriebsräte bekommen viel mit an Freud und Leid der Beschäftigten, sind oft sogar Anlaufstelle für ihre privaten Sorgen und Nöte. Wer diese Aufgabe ernst nimmt, erfüllt in meinen Augen das Gebot Christi: »*Einer trage des anderen Last*« (Galaterbrief 6,2).

Nun kommen auf Betriebsräte noch neue Herausforderungen zu. Flüchtlinge finden sich in dieser modernen und hochkomplexen Arbeitswelt nur schwer zurecht und müssen intensiv begleitet werden.

Gleichzeitig krempelt die Digitalisierung die Unternehmen um. Von einer neuen, der »Vierten industriellen Revolution« ist gar die Rede. Sie wird alle Abläufe elektronisch verknüpfen. Neue, intelligente und lernfähige Roboter kommen zum Einsatz. Das wird Arbeitsplätze kosten und gleichzeitig neue schaffen. Doch dieser Prozess darf niemals allein den Ingenieuren und Ökonomen überlassen werden, sonst kommt die Arbeit einmal mehr unter die Räder. Betriebsräte brauchen hohe Kompetenz, um den digitalen Umbau der Arbeitswelt sozial und menschengerecht zu gestalten.

Schade nur, dass nicht einmal die Hälfte der Betriebe einen Betriebsrat hat. Sei es, dass die Belegschaften sich nicht rühren, sei es, dass Arbeitgeber auch heute noch Betriebsratswahlen behindern oder gar verhindern. Sie sind dabei selber die Dummen, denn Belegschaften mit gewählten Betriebsräten arbeiten nachweislich produktiver, flexibler und innovativer, weil sich die Menschen nicht als Untertanen fühlen, sondern mitreden und mitgestalten können.

In einem eigenen Aufruf zur letzten Betriebsratswahl bedankten sich die beiden großen Kirchen bei allen, die sich dieser Verantwortung stellen und eintreten »*für eine menschliche, solidarische und gerechte Arbeitswelt*«.

Burnout

Es beginnt oft ganz harmlos: Eines Tages bemerkt Ingo, Informatiker, dreißig Jahre alt, dass er nur noch widerwillig zur Arbeit geht. Das ist neu! Unruhig und angespannt stürzt er sich ins Geschäft, aber kommt nicht recht voran, braucht länger als gewohnt. »Was ist denn mit dir los«, fragte ihn schon kürzlich ein Kollege. Ingo reagiert nervös, verheddert und verkrampft sich immer mehr, kriegt die primitivsten Dinge nicht mehr gebacken. Software-Entwicklung ist doch seine Leidenschaft. Mit hoher Kompetenz hat er sich da reingehängt und es ganz schön weit nach oben gebracht. Nun aber fühlt er sich nur noch müde und erschöpft, ausgebrannt wie eine Raketenstufe, bevor man sie absprengt.

»Burnout« – der Super-GAU! Fast die Hälfte der Berufstätigen, so will eine Untersuchung wissen, arbeitet ständig am Rande der Erschöpfung. Viele reagieren aggressiv, drangsalieren Familie und Kollegen, werden ungenießbar. Andere verkriechen sich ins Schneckenhaus, greifen zur Flasche, werden depressiv. So oder so: Das Leben droht aus den Fugen zu geraten.

Die Turbo-Arbeitswelt von heute presst das Letzte aus den Menschen heraus. Denn die Globalisierung entfaltet eine kolossale internationale Konkurrenz. Die schlägt durch bis auf jeden Arbeitsplatz. Ein gewaltiger Innovati-

onsdruck macht den Entwicklern zu schaffen, der Preis-
druck den Kaufleuten. Die Zeitfenster werden immer kleiner, die Terminnot immer größer. »Zielvereinbarungen«
und innerbetriebliche »Rankings« bringen viele der Beschäftigten an den Rand der Verzweiflung.

Wie fast alle anderen hat auch Ingo Arbeit mit nach
Hause genommen. Das ging eine Zeit lang gut. Nun lassen
die Kräfte nach, Ingo kann einfach nicht mehr. Sein Leben
ist eindimensional geworden. Außer Arbeit ist nichts
mehr. Wozu überhaupt noch leben? Mit Schlaflosigkeit
fing das an, es folgten Herz- und Kreislaufprobleme. See-
lisch völlig aus dem Gleichgewicht, meiden ihn nun auch
Freunde und Kollegen. Ingos Frau war es, die ihn dann zum
Arzt geschickt hat.

»Burnout« ist lebensbedrohlich und bedarf kompeten-
ter Hilfe. Vorbeugen wäre auch in diesem Falle besser als
heilen. Um die Balance zu halten, braucht die Arbeit ein
mächtiges Gegengewicht, nämlich Ruhe und Entspan-
nung. Leicht gesagt, wenn sich Termine jagen und Projekte
abzuliefern sind. Da bedarf es gemeinsamer, organisierter
Gegenwehr. Arbeit darf nicht das Leben kosten!

Schmunzelnd lese ich in der biblischen Schöpfungser-
zählung, dass sogar Gott am Ende seiner Arbeitswoche fix
und alle war. Er »*ruhte am siebten Tag von all seinen Wer-
ken*«. Nun ja – sein Unternehmen war noch nicht börsen-
notiert und er selbst auch nicht online geschaltet!

Um wie viel mehr sind dann wir Menschen im Hamster-
rad der modernen Arbeitswelt auf Feierabend und Sonntag
angewiesen!

Mobbing

»Es fing alles ganz harmlos an: Eines Morgens wurde ich nicht mehr gegrüßt, als ich das Büro betrat«, erzählt mir eine arbeitslose Angestellte. »Zunächst dachte ich mir nichts dabei«, fährt sie fort, »vielleicht sind die heute mit dem falschen Fuß aufgestanden«. Doch ihr Gruß wurde auch an den folgenden Tagen nicht mehr erwidert.

Frau Maier, so nenne ich die Betroffene, wird seither wie eine Aussätzige gemieden, die Kolleginnen schauen einfach durch sie hindurch, als wäre sie Luft. Hinter ihrem Rücken hört sie manchmal heimliches Getuschel und hämische Bemerkungen über die »alte Schachtel«. Ihr »Alter« wisse wohl, warum er davongelaufen sei.

Die traurige Geschichte ist leider schnell zu Ende erzählt. Frau Maier bekam die schlechteste und undankbarste Arbeit zugewiesen, die sie nicht mehr bewältigen konnte. Sie machte Fehler, musste vorreiten, wurde zum Sündenbock. Bis sie es nicht mehr aushielt. Ihr Arzt schrieb sie krank. Doch nach ihrer Rückkehr wurde alles noch viel schlimmer. Entnervt gab die 48-Jährige auf und kündigte ihren Arbeitsplatz.

Genau so war das organisierte Kesseltreiben auch gemeint. Frau Maier ist zu einem der zahlreichen Mobbing-Opfer geworden. In vielen Unternehmen, die Personal abbauen, hat dieser Wahnsinn Methode. Oft mischen untaugliche Führungskräfte mit in diesem abgekarteten Spiel. Ihnen passt es dann gut ins Konzept, wenn jemand sozusagen »freiwillig« kündigt! Eine kleine Bemerkung des/der Vorgesetzten genau zum richtigen Zeitpunkt, und schon suchen sich die Leute in den Abteilungen nach Sündenbockmanier selbst ein Opfer und treiben es gnadenlos über die Klippen. Die Firma aber bewahrt ihre untadelige weiße Weste.

»Mobbing« hält auf die Dauer niemand aus, die psychischen Auswirkungen sind katastrophal! Betroffene zweifeln an sich selbst und reagieren mit Selbstvorwürfen und Versagensängsten. Psychische Störungen, Suchtgefährdung, Beziehungsprobleme, ja sogar Selbstmorde sind die Folgen.

Wer sich gemobbt fühlt, sollte sich an den Betriebsrat und die Personalverantwortlichen wenden. Auch die Betriebsseelsorge, die Gewerkschaften und psychologische Beratungsstellen wissen weiter. Je früher das Problem angegangen wird, desto besser sind die Chancen, es in den Griff zu bekommen. Noch wichtiger aber wäre es, dass die Arbeitskolleginnen und -kollegen einen schützenden Ring bilden, um den Mobbern ihr schmutziges Handwerk zu legen.

Doping am Arbeitsplatz

Die Krankenkassen schlagen Alarm: Fast 12 % der Erwerbstätigen schlucken leistungssteigernde Medikamente: Doping am Arbeitsplatz! Wie unsere aufgepumpten Sportsfreunde puschen die einen damit ihre Leistungsfähigkeit nach oben, um weiter in der ersten Liga mitspielen zu können. Andere werfen Antidepressiva und Betablocker ein, um ihre Angst auf Normalnull zurückzufahren. Das allesamt sind schwere Hämmer mit erheblichen Nebenwirkungen und der Gefahr, abhängig zu werden. Lange hält das keiner durch. Am Ende bleibt nicht selten ein ausgebranntes menschliches Wrack.

Volle Dröhnung nun auch am Arbeitsplatz? Aber warum? Ein irrsinniger Termindruck und eine enorme Leistungsverdichtung rauben immer mehr Erwerbstätigen den Atem. Die Pharmaindustrie bietet Hilfe zur »Selbstoptimierung«! Also pumpt man sich wie eine Turbo-Kuh mit Arzneimitteln voll, um noch mithalten zu können.

Schon seit Jahren versuchen Betriebsräte und Gewerkschaften über Kampagnen wie »Gute Arbeit« oder »Tatort Betrieb« eine Art Drehzahlregler einzubauen, um die Leistungsanforderungen auf ein erträgliches Maß zu reduzieren. Scheinbar vergeblich! Wie krank ist eigentlich eine Arbeitswelt, in der nur noch aufgeputschte Olympia-Verdächtige bestehen können?

Um Menschen anzuspornen und zu motivieren, bedarf es nicht der Segnungen der Pharmaindustrie. Wertschätzung und Anerkennung – und das nicht nur alle 25 Jahre zum Arbeitsjubiläum – können wahre Wunder wirken. Nun ja – man weiß: Ein ehrlich gemeintes Lob geht oftmals nur schwer über die Lippen von Führungskräften. Dann darf man sich nicht wundern, wenn die Menschen am Arbeitsplatz fast verdursten, weil sie nicht wahrgenommen, angenommen, verstanden und gelobt werden, und nur noch die Angst regiert.

In der himmlischen Apotheke bin ich übrigens auf einen wirksamen »Stimmungsaufheller« gestoßen. Diesen zu verabreichen, ist keineswegs nur Sache der Führungskräfte, sondern aller Kolleginnen und Kollegen. Ich gebe Ihnen für heute schon mal das Rezept mit auf den Weg. Es findet sich im Alten Testament der Bibel, im »Buch der Sprichwörter«: »Kummer im Herzen bedrückt den Menschen, ein gutes Wort aber heitert ihn auf« (Buch der Sprichwörter 12,25).

»Diese Wirtschaft tötet«

(Papst Franziskus)

»Kommt und kauft ohne Geld«

»Auf, alle Durstigen, kommt zum Wasser! Die ihr kein Geld habt, kommt, kauft Getreide und esst, kommt und kauft ohne Geld und ohne Bezahlung Wein und Milch!« Dieser Marktschreier aus dem Alten Testament gibt sich auf Nachfrage als der Prophet Jesaja (55,1–3) zu erkennen. Er ist immer wieder für eine Überraschung gut. Verwundert reibt man sich bei diesen Worten die Augen: Träumt da einer vom Schlaraffenland? Seit wann gibt's was umsonst? Brot, Wein und Milch zum Nulltarif? Die Bauern kommen ja schon heute nicht mehr auf ihre Kosten. Aber auch die Discounter, die sie bedrängen, wären kaum für ein solches Schnäppchen zu begeistern. So was funktioniert ja nicht einmal im Tafel-Laden! Eine reine Provokation?

Ja – ganz gewiss, denn schon zu Jesajas Zeiten prallten zwei Wirtschaftstheorien aufeinander, wie sie unterschiedlicher nicht sein können. Das Volk Israel traf ja damals beim Auszug aus Ägypten auf die Fruchtbarkeits-Religionen Palästinas. Man opferte den Natur-Gottheiten, um sie bei Laune zu halten. Eine Ökonomie, die ausschließlich auf Wachstum setzt und nicht auf Verteilung und Nachhaltigkeit.

In diesem Modell spiegelt sich die Markt-Ökonomie unserer Tage. Sie geht von der Knappheit der Güter aus und setzt auf unbegrenztes Wachstum, auf Kaufen und Verkaufen und Profit um jeden Preis. Zutritt in dieses System bekommt nur, wer über Kaufkraft verfügt – je mehr, desto besser! Wem das nötige Kleingeld fehlt, der muss leider draußen bleiben.

Diesem Wirtschaftsmodell stellt Jesaja die Haushalts- und Gerechtigkeits-Ökonomie der Bibel gegenüber. Leitbild ist der jüdische Patriarch, der für die Seinen sorgt, sie dafür auch in die Pflicht nimmt und der vor allem die Erträge gerecht verteilt. Der Gott der Hebräer ist ein Patriarch, ein Vater, der uns liebt. Gerechtigkeit ist einer seiner Namen, sein Prädikat, sein Charakteristikum.

Diese Ökonomie unterstellt in gläubigem Vertrauen, es sei genug für alle da. Wenn wir Arbeit und Kapital einbringen und gemeinsam ein »Produkt erstellen«, so würden die Ökonomen heute sagen, dann könnten alle menschenwürdig leben. Man müsste dann nur noch die Ernten gerecht verteilen, und alle wären Be-teiligte. Auch Jesus sympathisiert mit diesem Wirtschaftsmodell. Anders kann man seine Provokation nicht verstehen: Sorgt euch nicht um euer Leben, was ihr essen und trinken sollt und womit ihr euch bekleidet – verbunden mit jenem naiv klingenden Hinweis auf die »*Vögel des Himmels und die Lilien auf dem Felde*« (Lukasevangelium 12,27). Die Brotwunder Jesu, von denen die Evangelien erzählen, basieren auf dem Wunder des Teilens. Ein religiöses Lied unserer Tage greift das auf: »Wenn jeder gibt, was er hat, dann werden alle satt.«

Die Frage ist nur: Ist auch heute noch wirklich genug für alle da? Da ist doch wohl ein Unterschied zwischen einem palästinensischen Nomadenstamm vor bald 3000

Jahren und der Weltbevölkerung von heute, die inzwischen sieben Milliarden Menschen beherbergt. Aber man höre und staune: Namhafte Institute rechnen vor, dass es für alle reicht. Jedoch nur, wenn sich – wie damals in Israel – alle Menschen mit ihrer Arbeit einbringen und das Brutto-Welt-Produkt gerecht verteilt wird.

Die biblische Botschaft nimmt Christinnen und Christen in die Pflicht: Wir müssen uns einsetzen und für eine »Ökonomie des Teilens« kämpfen. Es reicht nun mal wirklich nicht für alle, solange ein Drittel der Menschheit die Güter dieser Welt für sich beansprucht und der Rest darbt. Solange Milliarden an Dividenden ausgeschüttet werden und immer mehr Beschäftigte mit ihren Löhnen nicht einmal mehr ein Existenzminimum erzielen.

Soziale Gerechtigkeit muss ein Leben in Würde für alle garantieren. Das Recht auf ein menschenwürdiges Leben darf nicht an Kaufkraft gebunden sein. Darum kann man aus christlicher Perspektive nur dann eine Markt-Ökonomie verantworten, wenn die Politik die Rahmen vorgibt und für sozialen Ausgleich sorgt.

Krach am Sinai

Krach am Sinai ... Zwei Brüder geraten mächtig aneinander, erzählt die Bibel (Exodus 20 und 32). Während Mose oben auf dem Berg zitternd von Gott die Zehn Gebote entgegennimmt, veranstaltet sein Bruder Aaron unten im Tal eine große Sause. Wie besessen tanzt man um einen goldenen Stier. Einen von der Sorte, wie man ihn heute in Bronze vor der Frankfurter Börse bewundern kann. Ein solch schnaubendes Ungetüm trampelt bekanntlich alles nieder, was sich seiner Gier in den Weg stellt. Der Stier war schon immer das Symbol der Baals-Götter. Sie galten damals in Palästina als die Fetische unendlicher Fruchtbarkeit und immerwährenden Wachstums.

Mose – außer sich vor Wut – zerschmettert die Gesetzestafeln am Berg und pulverisiert das goldene Hornvieh. Dann ruft er das Volk zur Ur-Abstimmung: Entscheidet euch – entweder für die Götzen des Wachstums oder für den Gott der Gerechtigkeit. Hopp oder topp!

Ich glaube: Vor dieser Entscheidung stehen auch wir jeden Tag. Hier ein Häppchen, dort ein Schnäppchen – fast umsonst. Das wird den biblischen Gott der Gerechtigkeit nicht sehr begeistern, denn die armen Näherinnen in Bangladesch oder Myanmar nagen samt ihren Kindern am Hungertuch. Namhafte Konzerne lassen dort zu Billiglöhnen produzieren. Wer sich wehrt oder sich gewerkschaftlich organisieren will, wird gefeuert. In einem Fall begrub eine einstürzende Fabrik hunderte von Arbeiterinnen unter sich, eine andere ging mangels Brandschutz in Flammen auf.

Es kann auch hierzulande nicht gerecht sein, dass eine Angestellte in ihrem ganzen Arbeitsleben grade mal so viel verdient wie ihr Vorstandsvorsitzender in einem Monat. Da lachen die Baale. Der Gott der Gerechtigkeit aber weint, wenn so viele Menschen ein Leben lang schuften und dann im Alter verarmen.

Den Baals-Jüngern begegnet man auch im Straßenverkehr: Wer mit zweihundertfünfzig Sachen über die Autobahn brettert, als wäre er allein auf der Welt, huldigt dem goldenen Stier – und ist ein Rindvieh dazu.

Neuerdings beziehen die Baale auch Posten an den europäischen Außengrenzen, um Flüchtende abzuhalten und unseren Reichtum gegen Not, Armut und Elend in der Welt abzuschotten.

Sinai ist hier und heute: Es geht nicht um Moral, sondern um ein zukunftsfähiges Konzept für die Menschheit, um gutes Leben für alle. Aber wie soll »Baal«, ein auf Gier getrimmtes Wirtschaftssystem, die Welt gerecht und geschwisterlich gestalten? Mahatma Gandhi hat Recht: »Die Welt hat genug für jedermanns Bedürfnisse, aber nicht für jedermanns Gier.«

Israel entschied sich damals für den Gott der Gerechtigkeit. Und der erneuerte sein Versprechen. Wer Gerechtigkeit übt, mit dem ist Gott im Bunde.

Marx und Maria

Geht es nach Karl Marx, dann sind »*alle Verhältnisse umzuwerfen, in denen der Mensch ein erniedrigtes, ein geknechtetes, ein verlassenes, ein verächtliches Wesen ist*« (Marx-Engels-Werke 1:385).

Klingt nicht gerade nach Poesie, kommt mir aber unheimlich bekannt vor. Im Lukasevangelium wird nämlich Maria, der Mutter Jesu, ein Revolutionslied auf die Lippen gelegt, das es mit Karl Marx aufnehmen kann. Maria preist ihren Gott, der »*die Mächtigen vom Thron stürzt und die Niedrigen erhöht, der die Hungernden mit seinen Gaben beschenkt, die Reichen aber leer ausgehen lässt*« (vgl. Lukasevangelium 1,52–53).

Ein Protestlied, vorgetragen auch noch von einer jungen Frau, die im Patriarchat nichts zu melden hatte. Ein russischer Zar, so wird erzählt, sei bei diesen Versen erbleicht.

Karl Marx kannte als Kind jüdischer Eltern die zentrale Botschaft der hebräischen Bibel, nämlich die Befreiung Israels aus der Sklaverei Ägyptens (Exodus 13–15). Doch dem späteren Protestanten war mit Sicherheit auch das »Neue Testament« vertraut. Über einhundert Mal nimmt Marx in seinen Schriften auf biblische Aussagen Bezug.

Nun geht es nicht darum, Marx im Nachhinein christlich zu vereinnahmen. Der würde sich bedanken! Es gibt aber mehr Berührungspunkte zwischen seiner Lehre und der Bibel, als es marxistischen und kirchlichen Ideologen passt. Immerhin hat die katholische Kirche in Deutschland in der »Würzburger Synode« 1975 eingestanden, sie habe sich mit Karl Marx und seiner Lehre »nur unzureichend« auseinandergesetzt (»Kirche und Arbeiterschaft« 1.5).

Schade um die verlorenen Jahrzehnte. Man hätte die Kräfte bündeln und gemeinsam gegen jenen Abgott anrennen können, der sich um des Profits willen alles unterwirft. In der christlichen Lesart ist dies der »*ungerechte Mammon*«, vor dem Jesus immer wieder warnt (z.B. Lukasevangelium 16,13). In der marxistischen Auslegung meint der »*Fetischismus des Kapitals*« nichts anderes als eben diesen »Moloch«, der heute die Näherinnen in Bangladesch ausbeutet, zahllose Menschen mit Hungerlöhnen erniedrigt und mit seinen Finanz-Spekulationen die Welt immer wieder an den Rand des Abgrunds führt.

Die Bibel ist das Buch der Befreiung. Die darf man nicht einfach ins Jenseits vertagen. Befreiung beginnt hier und heute und vollendet sich in der Auferstehung.

Die Finanzkrise und die Provokation auf dem Tempelplatz

Für fromme Gemüter war das immer schon starker Tobak: Wutentbrannt stürmte Jesus damals auf den Jerusalemer Tempelplatz, warf die Tische der Geldwechsler und Viehhändler über den Haufen und drohte denen sogar mit der Peitsche. *»Macht das Haus meines Vaters nicht zur Markthalle und zu einer Räuberhöhle«*, so seine Botschaft (vgl. Johannes 2,13–16). Nun muss man wissen: Auf dem Tempelplatz hatten sich zur Zeit Jesu blühende Wirtschaftsunternehmen etabliert: Die Zentralbank mit eigener Währung, Prägeanstalt und Wechselstuben, außerdem Handelshäuser und Dienstleistungsbetriebe für die werte Kundschaft, die Pilger aus aller Herren Länder. Dieser Angriff bedeutete eine schonungslose Attacke gegen das selbstherrliche und profitorientierte Tempelsystem samt seiner mächtigen Priesterkaste.

Wäre Jesus heute unter uns – ich fürchte, er würde an der Wall Street den Stecker ziehen. Er müsste wieder ausrasten angesichts der Umtriebe an den Kapitalmärkten. Kaum hat man die großen Geschäftsbanken mit staatlicher Stütze hochgepäppelt und ihre Schrottpapiere entsorgt, fahren die schon wieder milliardenschwere Gewinne in ihre Scheunen. Angereizt durch entsprechende Boni und gleichzeitig von brutalen Zielvorgaben bedroht, müssen die Angestellten ihre Kunden in zweifelhafte Geldanlagen drängen. Tun sie es nicht, riskieren sie ihren Job. Der Realwirtschaft aber werden notwendige Kredite vorenthalten oder überteuert angeboten. Manchmal noch unter der Bedingung, erst mal kräftig Personal abzubauen. Ein schwerer Eingriff in die unternehmerische Freiheit.

Beide Kirchen haben, wenn auch nur zaghaft und verhalten, das Finanzsystem an ihre Verantwortung erinnert: »*Ausgangspunkt der Finanzmarktkrise ist ... ein Mangel an Verantwortung bis hin zur Verantwortungslosigkeit*«, mahnt die Evangelische Kirche Deutschlands in ihrer Stellungnahme. Wo das Geld im Mittelpunkt steht, werde das Wirtschaften unmenschlich.

Keine Frage: Das gesamte Finanzwesen bedarf einer gründlichen Erneuerung seiner Strukturen, und die Finanzmakler müssen die ethische Grundlage ihrer Tätigkeiten wieder neu entdecken, statt Anleger und Sparer weiter zu betrügen.

Jesus provozierte die überhebliche Tempelkaste. Auch die »Geldkaste« an Börsen und Banken von heute darf nicht so tun, als wäre sie der Nabel der Welt. Sie hat eine bescheidene, aber gleichwohl wichtige Aufgabe zu erfüllen, nämlich die notwendigen Finanzmittel für die Realwirtschaft bereitzustellen, um damit dem Gemeinwohl zu dienen.

»Paradise-Papers«

Vom »Paradies auf Erden« träumten einst Karl Marx und Genossen. Dieser Traum ist inzwischen ausgeträumt. Nun sind andere Paradies-Vögel unterwegs. Sie verstecken ihre »Goldenen Eier« in Steuer-Oasen rund um den Globus. Mutigen Journalisten ist zu verdanken, dass die heimlichen Depots aufgeflogen sind. In den »Paradise-Papers« stehen nun auch die Namen derer, die über abenteuerliche Konstruktionen ihr Vermögen an der Steuer vorbei jonglieren.

Mich ärgert am meisten, dass diese Herrschaften – ohne rot zu werden – alle Vorzüge eines Rechtsstaates für sich und ihre Kinder in Anspruch nehmen: Sicherheit, eine solide Infrastruktur, Bildung und Kultur. Dann aber ist man nicht bereit, sich entsprechend an den Kosten zu beteiligen. Ein Armutszeugnis!

Zum Glück sind nicht alle Vermögenden Steuerhinterzieher. Im Gegenteil – viele tun mehr für die Gesellschaft, als ihnen der Gesetzgeber abverlangt. Zahlreiche Stiftungen fördern die Kultur, lindern Armut und finanzieren soziale und ökologische Projekte. Eine Gruppe deutscher Millionäre fordert sogar seit Jahren vergeblich, man möge sie endlich stärker besteuern. In diesen Menschen regt sich noch ein soziales Gewissen. Ihnen ist eine intakte Gesellschaft wirklich etwas wert.

Den anderen ist nur beizukommen, wenn die Regierungen die Maschen endlich enger knüpfen, die Steuer-Oasen austrocknen und Steuerbetrug entschiedener bekämpfen. Da bedarf es neuer Regelwerke. Denn die großen Digital-Konzerne verschieben ihre Wertschöpfung rund um den Globus. Sie verlegen ihren Sitz ganz einfach in jene Länder, in denen am wenigsten Unternehmenssteuern erhoben werden. International müsste man als Ziel formulieren: Die Trickser dürfen sich nirgendwo auf der Welt mehr sicher fühlen. Wer Steuer*ehrlichkeit* verweigert, muss Steuer*gerechtigkeit* zu spüren bekommen.

Was wie eine Drohung klingt, dient den Reichen letztlich selbst zu ihrem Heil. Denn wer seinen Reichtum nicht teilt, ist eigentlich ein »armes Würstchen«. Ein prall gefülltes Portfolio garantiert noch lange kein gutes Leben. Ich möchte doch nicht stündlich auf die Aktien-Kurse starren, in ständiger Angst vor dem nächsten Crash. Und stets getrieben von der Gier, den Reichtum noch zu mehren. Das ist doch kein Leben!

Die Bibel hat recht: »*Da mag einer noch so viel Geld besitzen, das Leben kann er sich damit nicht kaufen*« (vgl. Lukasevangelium 12,15).

Chlor-Hähnchen und Gen-Mais?

Nun ist es plötzlich still geworden um das »TTIP«, ein sehr umstrittenes transatlantisches Handels- und Investitionsabkommen. Einziger Grund: Trump ließ es vorläufig in seiner Schublade verschwinden, weil ihm – »America first« – gar nicht an einem funktionierenden Welthandel liegt.

Nun muss man ihm beinahe dafür dankbar sein. Denn was da in aller Heimlichkeit über Jahre hinweg zwischen der EU und den USA ausgehandelt worden war, ist sozialethisch betrachtet mehr als zweifelhaft! In diesem Vertrag sollen Konzerne das Recht bekommen, nationale Regierungen auf Schadenersatz zu verklagen, wenn deren Politik ihre Gewinnerwartungen schmälert.

So könnte man unsere Bundesregierung zur Kasse bitten, wenn sich ausländische Investoren durch ökologische oder soziale Standards benachteiligt fühlen. Dann kämen auch bei uns Chlor-Hähnchen und hormonbehandeltes Schweinefleisch auf den Tisch. Auf den Äckern blühte der Gen-Mais und die Atomkraftwerke würden wieder hochgefahren. Und nicht nur das: Ab in die Tonne mit dem arbeitsfreien Sonntag, mit dem Kündigungsschutz, mit Mindestlohn und Mitbestimmung. Auch das Streikrecht würde als investitionsfeindliches Monster eingestampft.

Diesem Abkommen zufolge würden übrigens die milliardenschweren Schadenersatzansprüche der Konzerne gegenüber den Staaten keineswegs vor ordentlichen Gerichten, sondern vor privaten Schiedsstellen verhandelt. Da machen dann ganze Hundertschaften hoch spezialisierter Anwälte ihren Reibach. Die wechseln übrigens die Rollen wie andere Leute ihre Kleider: Einmal fungieren sie als Kläger, dann wieder als Richter oder Verteidiger. Ein Berufungsrecht ist erst gar nicht vorgesehen.

Horrende Schadenersatzansprüche hält keine Regierung auf Dauer aus. Sie würde einknicken. Etwas zynisch könnte man fragen: Übernehmen nun die Investoren die Macht? Warum wählen wir überhaupt noch Parlamente und Regierungen, wenn die Wirtschaft den Kurs bestimmt?

Viele kirchliche Gruppen und Verbände sind damals gegen dieses Vertragswerk Sturm gelaufen. Ihrer Meinung nach würde dieses Abkommen die armen Länder noch mehr ausgrenzen und benachteiligen. Es widerspricht in dieser Form den Zielen der Christlichen Sozialethik, denn diese betont eindeutig: Die Wirtschaft ist für die Menschen da und nicht umgekehrt. Gemeinnutz statt Eigennutz, formuliert eine »Denkschrift« der Evangelischen Kirche in Deutschland. Vor allem: Politik hat Vorfahrt gegenüber dem Markt.

Arsenale des Todes

»Wenn es um Tod und Vernichtung geht, entwickelt sich der Mensch zu einem wahren Genie«, sagte mir ein Sprengmeister vom Kampfmittelbeseitigungsdienst. In einer Glasvitrine schön aufgereiht, erklärt er mir die genial konstruierten Bomben-Zünder aus dem letzten Weltkrieg. Der ist nach 70 Jahren für die Bombenräumer immer noch nicht zu Ende. Fast täglich riskieren sie Kopf und Kragen, wenn tonnenweise Munition aus dem Land zusammengekarrt wird, um sie im Bunker zu zersägen und in gepanzerten Öfen auszuglühen. Von den spektakulären Bombenfunden ganz zu schweigen. »Wenn du hinabsteigst in den Krater und dir an diesem Teufelszeug zu schaffen machst, weißt du nie, was passiert«, gesteht mir mein Begleiter von diesem »Himmelfahrtskommando«. Am Werkstor hatte ich zuvor am Denkmal für die verunglückten Kollegen Halt gemacht.

Wie dankbar müssen wir diesen Spezialisten sein, die unter höchster Lebensgefahr die Blindgänger entschärfen.

Zum andern aber packt mich an diesem Ort die kalte Wut beim Anblick solch tödlicher Relikte. Heute türmt sich in den Waffenarsenalen der Völker ein Vernichtungspotential, das die Menschheit gleich mehrfach auslöschen könnte. Spielerisch einfach, per Joystick sozusagen!

Angesichts neuer weltweiter Brandherde werden nun die Rüstungshaushalte wieder aufgedonnert, auch bei uns. Treffsichere Gewehre bitte und bewaffnete Drohnen – die fehlen noch im Sortiment!

»Rüstung tötet – auch ohne Krieg!« Wie wahr ist dieser Slogan der Friedensbewegung. So viele kostbare Ressourcen, die man da verschleudert, missbraucht für Waffen, für Schwerter statt für Pflugscharen. Teure wissenschaftliche Forschung – nicht für das Leben, sondern für den Tod. Wie viel Not könnte man mit diesen Milliarden lindern, wie viel menschliches Leid verhindern. Wann wird die Menschheit endlich lernen, »*Gedanken des Friedens zu sinnen und nicht des Verderbens*«, wie es beim Propheten Jeremias heißt? (vgl. 29,11).

Wenn es um Tod und Vernichtung geht, wird der Mensch zum Genie. Und ist und bleibt dabei doch das dümmste aller Lebewesen unter der Sonne: »*Der Mensch erfand die Atombombe*«, sagt der Atomphysiker Albert Einstein und fügt sarkastisch hinzu: »*Doch keine Maus der Welt käme jemals auf die Idee, eine Mausefalle zu konstruieren.*«

An Ihrem Handy klebt Blut!

Heinrich von Stephan, dem ehemaligen Generalpostmeister des Deutschen Reiches, verdanken wir das Telefonnetz in unserem Land. Er hätte sich wohl in seinen kühnsten Träumen nicht ausmalen können, dass wir einmal mit unseren Smartphones weltweit drahtlos telefonieren, simsen und surfen.

Auf den Pausenhöfen unserer Schulen geht's immer hoch her, wenn ein neues Gerät auf den Markt kommt, das man dann stolz präsentieren kann. In manchen Städten belagern die Fans vor dem Erscheinungstermin nachts die Geschäfte, um am Morgen als einer der Ersten ein neues Modell zu ergattern.

Was die wenigsten wissen: An unseren Handys klebt Blut! In den Schaltkreisen dieser winzigen Dinger stecken wertvolle Mineralien wie Coltan, Gold, Cobalt und Titan. Um diese seltenen Bodenschätze kommt es vor allem im Kongo immer wieder zu blutigen Konflikten. In den Abbaugebieten vertreiben Rebellen die einheimische Bevölkerung, plündern, vergewaltigen und töten. Mafiöse Banden führen die völlig ungesicherten Gruben, in denen Tausende von Menschen, auch Frauen und Kinder, bei den Schürfarbeiten ums Leben kommen.

Auf internationalen Druck hin hat sich inzwischen einiges bewegt: US-Konzernen, die »Blut-Coltan« von

Gangster-Syndikaten beziehen, droht der Entzug der Börsenzulassung. Die EU – wirtschaftsfreundlich wie immer – bastelt wenigstens an einer freiwilligen Vereinbarung. Etliche Hersteller sind ihr ohnehin schon zuvorgekommen und beziehen Mineralien nur noch aus lizenzierten Minen. Auf großes Interesse stößt auch das 2013 neu entwickelte »Fairphone« einer niederländischen GmbH.

Aber was können wir als Benutzer tun? Zurück zur Buschtrommel? Damit haben wir wenig Erfahrung. Und Heinrich von Stephans Kurbelkiste steht besser im Museum als auf dem Schreibtisch, zumal auch kein »Fräulein vom Amt« mehr die Verbindungen stöpselt.

Wie wär's, wenn Sie sich an einer Unterschriftenaktion beteiligten? So zum Beispiel fordert »Missio«, ein internationales katholisches Missionswerk, das auch im Kongo aktiv ist, »saubere Handys« und appelliert an die Hersteller: Keine Geschäfte mehr mit blutigem Coltan! Diese Signale kommen bei den Herstellern an.

Noch eins: Das sauberste Handy ist das, das Sie gegenwärtig benutzen. Behalten Sie es bitte so lange, bis es den Geist aufgibt. Und dann aber sollte es nicht wie Millionen andere in der Schublade vergammeln, sondern recycelt werden, um die kostbaren Rohstoffe wiederverwenden zu können.

Regelkreise

Unsere moderne Lebenswelt steckt voller intelligenter Regelkreise. Sie stellen die Waschmaschine an, Sie starten Ihr Fahrzeug – was da schnurrt, ist ein Wunderwerk der Steuer- und Regelungstechnik. Dämmerungsschalter knipsen im rechten Augenblick das Licht an, der Thermostat sorgt für wohlige Wärme oder angenehme Kühle. Der Mischpultregler pegelt die Tonquelle ein, sonst gibt's was auf die Ohren. Da wird gemessen, gefühlt, gewertet und entschieden.

Mich wundert nur eins: In Politik und Wirtschaft sitzen die »Deregulierer« an den Schaltknöpfen. Nein – das sind keine Chaoten, aber sie setzen nur auf einen einzigen Regelkreis, nämlich den Markt. Und lamentieren lautstark über die Regulierungswut des Gesetzgebers. Die Überregulierung muss schuld sein an Arbeitslosigkeit und mangelnder Wettbewerbsfähigkeit. Mag ja sein, dass sich irgendwo in unseren Gesetzbüchern noch ein paar alte Ladenhüter herumtreiben, dann nichts wie weg damit.

Dass der Markt funktioniert, das steht außer Zweifel. Er regelt über Angebot und Nachfrage den Preis. Ein ebenso schlichtes wie bewährtes Regelwerk! Aber ist es intelligent genug zur Steuerung einer so komplexen Gesellschaft? Techniker würden wohl eher müde lächeln: wenn die Welt so einfach wäre. Um gesellschaftliches Wohlbefinden herzustellen, sind weit mehr Werte zu erfassen, zu vergleichen und abzustimmen. Denn der Markt allein spaltet, grenzt aus. Er verhindert nicht, sondern verstärkt noch die Tendenz, dass in einem reichen Land die Armut wächst, dass noch mehr Menschen ihre Arbeit verlieren, obwohl es alle Hände voll zu tun gibt.

Das Politik-Modell der Bibel ist ein Regulierungsmodell. Sein Ziel ist soziale Gerechtigkeit. Gerechtigkeit gilt als Kennzeichen und Markenzeichen Gottes. Sein Thron *»ist gegründet auf Recht und Gerechtigkeit«*, so ein Psalmist. *»Sein Mantel ist Gerechtigkeit«*. Daher soll *»Gerechtigkeit euer oberstes Ziel sein«*, fordert das Alte Testament (Deuternomium 20). Garant sozialer Gerechtigkeit ist die Regierung, damals der König. *»Weil dein Gott Israel liebt und ihm ewigen Bestand verleihen will, hat er dich zum König bestellt, damit du Recht und Gerechtigkeit übst«* (2 Chronik 9,8), so mahnt Gott den Regierungschef, König David.

Der Markt schafft Marktgerechtigkeit, mehr kann er nicht. Soziale Gerechtigkeit muss politisch einreguliert werden. Politik und Politiker müssen sich daran messen lassen, ob sie regulierungswillig sind und was ihnen soziale Gerechtigkeit wert ist. Denn, so heißt es im alttestamentlichen Buch der Sprichwörter: *»Gerechtigkeit erhöht ein Volk, Unrecht macht ihm Schande«* (vgl. Sprichwörter 14,34).

Colt oder Kugelschreiber?

»*Du musst gnadenlos sein. Friss oder stirb! Kaufen, verkaufen. Bingo!*« – Mit diesem Werbespot traktierte eine Direktbank jahrelang ihre Anlegergemeinde. Da greift man beim Vertragsabschluss besser zum Colt statt zum Kugelschreiber. Regelt man neuerdings Geschäftsbeziehungen in Wildwest-Manier?

Geschäftsleute beklagen eine zunehmende Verrohung und Brutalisierung in den wirtschaftlichen Beziehungen: Konzerne fürchten »feindliche Übernahmen«. Man bildet »Strategische Allianzen«, um Konkurrenten aus dem Markt zu werfen. Gesetzwidrige Kartelle treffen heimlich Preisabsprachen. Große Investoren fallen wie Heuschreckenschwärme über Unternehmen her und fressen alles ratzekahl. Das alles geht einher mit einer verheerenden Zahlungsmoral. Wenn aber Rechnungen erst verspätet beglichen werden, geraten vor allem klein- und mittelständische Unternehmen an den Rand oder gar in den Ruin. Banken knebeln ihre Kreditnehmer, und Inkasso-Firmen verfolgen säumige Kunden bis in ihr Privatleben hinein. In den Betrieben wird Jagd gemacht auf Kranke, werden Löhne gedrückt, Arbeitszeiten tarifwidrig verlängert. Am Ende der Spirale machen die Beschäftigten sich selber die Hölle heiß. »Friss oder stirb ...« Entweder du oder ich.

Nun – die Geschäfts- und Arbeitswelt war noch nie ein Streichel-Zoo. Doch ohne geschriebene Gesetze, ohne ein striktes und strafbewehrtes Regelwerk entartet sie zum Kriegsschauplatz. Noch wichtiger sind die ungeschriebenen Gesetze, nämlich Ehrbarkeit, Anstand und Würde. Allen Akteuren müsste doch klar sein: Wer sich im Markt gnadenlos benimmt, wird selber keine Gnade finden. Wer frisst, wird später selbst zum Fraß.

Es wäre an der Zeit, sich auch im Wirtschafts- und im Arbeitsleben wieder neu auf Werte zu besinnen, auf Fairness und wahre Menschlichkeit. Oder gilt für die Wirtschaft, was der Schriftsteller Erich Fried einmal so zum Ausdruck brachte: *»Zu den Steinen hat einer gesagt: Seid menschlich, aber die Steine haben gesagt: Wir sind noch nicht hart genug ...«*

Für so Hartgesottene empfiehlt die Bibel eine Herztransplantation. Beim Propheten Ezechiel (vgl. 11,19) greift Gott selbst zum Skalpell: *»Ich schenke euch ein anderes Herz. Ich nehme das Herz aus Stein aus eurer Brust und gebe euch ein Herz aus Fleisch ...«*

Sage keiner, er wäre in Arbeit und Wirtschaft nur der Getriebene. Auch schmale Entscheidungs-Korridore in den Geschäftsbeziehungen, ja sogar im internationalen Wettbewerb lassen immer noch Raum für den »Gnadenweg«. Und das gilt erst recht für den ganz alltäglichen Umgang miteinander.

*»Unsere ganze Gerechtigkeit ist
wie ein schmutziges Gewand«*

(Jesaja 64,5)

Der reiche Prasser und der arme Lazarus

Der reiche Prasser und der arme Lazarus – diese Kontrast-geschichte aus dem Lukasevangelium (16,19–31) ist so aktuell, als wär's ein Stück von hier. Prallen nicht auch bei uns Arm und Reich knallhart aufeinander? Immer mehr Reiche werden von Jahr zu Jahr noch reicher, immer mehr Arme noch ärmer. Lazarus braucht man in den Bannmeilen und auf den Bahnhöfen unserer Städte nicht lange zu suchen. Ich begegnete ihm neulich am frühen Morgen im strömenden Regen, pudelnass und vor Kälte zitternd – einer der hunderttausend Obdachlosen im Lande auf der Suche nach den Brosamen der Reichen. Lazarus bettelt am Straßenrand, sucht nach Pfandflaschen und wühlt auch mal in den Mülltonnen, wenn der Hunger ihn plagt. Er macht aus seinem Elend schon gar kein Geheimnis mehr.

Doch diese offenkundige Armut wird millionenfach überboten durch die versteckte und verschämte Armut alter Leute, kinderreicher Familien, alleinerziehender Frauen, geringverdienender und langzeitarbeitsloser Menschen. Betroffen sind immer mehr Frauen und Kinder und Jugendliche ohne Zuhause. Gleich, wen es trifft: Armut entwürdigt, grenzt aus und kostet letzten Endes das Leben. Wer arm ist, stirbt früher.

Der »reiche Prasser« erscheint im Evangelium keineswegs als Bösewicht, als reicher Sünder. Aber er ist sündhaft reich. Er steht stellvertretend für den Jet-Set und die Schickeria aller Zeiten. Auffallend: Er trägt gar keinen Namen. Reichtum hüllt sich gerne ins Deckmäntelchen der Anonymität. Schätzungen zufolge verfügen etwa 10 % der Reichsten in der Bundesrepublik über mehr als die Hälfte des gesamten Volksvermögens. Doch dieser gigantische Reichtum beteiligt sich so gut wie nicht an den sozialen Lasten. Die trägt über Abgaben und Steuern zum größten Teil der schwache Esel »Arbeit«.

Die Geschichte vom »Reichen Prasser und dem armen Lazarus« nimmt eine überraschende Wende. Der Tod reißt beide aus ihrem irdischen Leben. Doch nun findet sich Lazarus in Abrahams Schoß, schwelgt sozusagen im siebten Himmel, während der Reiche gottverlassen entsetzliche Qualen erleidet. Er schreit zu Abraham, Lazarus möge ihm die glühende Zunge kühlen und ein wenig Linderung verschaffen. Vergebens. Du hast es doch in deinem Leben gut gehabt, lässt Abraham ihn wissen, »Lazarus aber empfing nur Schlechtes. Jetzt wird er hier getröstet, du aber leidest große Qual« (vgl. 16,25).

Es gibt also eine letzte Gerechtigkeit, sagt diese Geschichte. Die Armen an der Seite Jesu werden es als Frohbotschaft gerne vernommen haben. Sie werden es gut haben in der anderen Welt – genau umgekehrt gilt dies für den Reichen. Das ist keine billige Vertröstung aufs Jenseits, sondern eine Provokation: Die Verheißung einer letzten Gerechtigkeit fordert eine vor-letzte Gerechtigkeit, nämlich hier auf Erden. Ginge es gerecht zu, müsste niemand leiden, weder die Reichen noch die Armen, weder hier noch in der Ewigkeit. Auch die Reichen finden Heil, Leben in Fülle, aber nur, wenn sie die Fülle ihres Reichtums teilen.

Will unser Land nicht in einer hoffnungslosen Spaltung zwischen Arm und Reich versinken, gibt es eine gute Zukunft nur unter den Vorzeichen der Solidarität und der Gerechtigkeit – das sind die zwei Seiten ein und derselben Medaille. Setzt die Solidarität mehr auf die Einsicht, das Ethos, das freiwillige Teilen des Reichtums, so markiert die Gerechtigkeit den Uneinsichtigen schmerzhaft die Grenzen ihrer Raff- und Habgier.

Die Botschaft dieser Erzählung ist leicht zu entschlüsseln: Wer Jesus nachfolgt, wendet sich barmherzig den Armen zu und tut alles, um ihre bitterste Not zu lindern.

Die Gerechtigkeit aber verlangt, sich den Reichen an die Fersen zu heften und ihnen ins Gewissen zu reden. Wenn sie nicht teilen, werden sie sich fürchten und schützen müssen. Sie tun sich selbst keinen Gefallen – weder für dieses noch für das andere Leben.

Politisch müssen die Kirchen nachhaltig für eine Politik des sozialen Ausgleichs eintreten. Denn ein Staat ohne soziale Gerechtigkeit, so sagte Augustinus einmal sinngemäß, gleicht einer organisierten Räuberbande. Auch wenn's den Marktradikalen gar nicht in den Kram passt: Die Starken müssen über Umverteilung in die Solidarität mit den Schwachen eingebunden werden.

Mit der Bergpredigt Politik machen!

Mit der Bergpredigt sei doch keine Politik zu machen, meinte einst Reichskanzler Otto Graf von Bismarck. Und seitdem singen die »Realos« unter den Politikern diesen Vers im Chor. So auch der 2015 verstorbene Bundeskanzler Helmut Schmidt, den damals die Friedensbewegung mit der Bergpredigt nervte.

Ich würde diesen Satz gerne abwandeln: Wer auf den Namen Jesu Christi getauft ist, *muss* mit der Bergpredigt Politik machen! Denn unser Glaube frömmelt nicht in einem stillen Seelengärtchen vor sich hin, sondern verpflichtet uns für eine bessere Welt. Mit seinem Beschluss »Kirche in der Welt von heute« hat das Zweite Vatikanische Konzil 1965 ganz klar diesen Auftrag erteilt.

Zwar ist die Bibel kein Parteiprogramm, aber ein »Positionspapier«! Sie setzt Marken, an denen sich Christinnen und Christen nicht einfach vorbeidrücken können. Um nur ein paar Beispiele zu nennen:

Wenn Jesus in der Bergpredigt die Friedensstifter seligpreist (Matthäusevangelium 5,9), werden wir nicht klaglos hinnehmen, dass man weltweit Rüstungshaushalte massiv aufstockt und Atomsprengköpfe scharf macht.

Wer »*hungert und dürstet nach Gerechtigkeit*« (5,6), wird sich nicht damit abfinden, dass acht Superreiche in dieser Welt so viel besitzen wie die ärmere Hälfte der ganzen Menschheit zusammen. Da muss die Politik dazwischenfahren!

Seliggepriesen werden auch die Barmherzigen (5,7). Da ist doch kein Platz für Fremdenfeindlichkeit und dumpfen Nationalismus.

In Abendmahl und Eucharistie teilen wir Brot und Wein. Im Teilen, so glauben wir, werden wir eins mit Jesus Christus und untereinander. Also setzen wir uns für eine Politik des Teilens ein, damit alle Anteil haben an den Gütern dieser Welt und niemand zu kurz kommt.

Machen wir uns doch in unseren Gemeinden Mut, mit der Bergpredigt Politik zu machen. Damit ist vielleicht eine Kirchengemeinde als solche überfordert. Nicht aber Initiativen, Gruppen und Verbände, die sich schlau machen, sich biblisch vergewissern und sich dann mutig und kompetent einmischen. Das ist christlich und demokratisch zugleich – gewaltfrei natürlich und mit offenem Visier.

Dabei sollte man sich auf Ärger gefasst machen! Schnell zieht man sich den Zorn derer zu, die ihren Reichtum teilen oder auf Macht und Einfluss verzichten müssten. Dann heißt es, in einer Gruppe zusammenzustehen. Nur unter dem Schutz einer Gemeinschaft sind solche Angriffe auszuhalten.

Wer sich einsetzt, setzt sich aus. Das musste auch Jesus erfahren. Mich tröstet, dass er in seiner Bergpredigt zum Schluss all jene seligpreist, die um seinetwillen »*geschmäht, verleumdet und verfolgt werden*« (Matthäusevangelium 5,11).

Sorget nicht ängstlich?

Seltsam naiv mutet mich diese Geschichte an. Sie findet sich im Lukasevangelium und ist so gar nicht typisch für seine sonst so realistischen Erzählungen: »*Sorgt euch nicht um euer Leben*«, heißt es da, »*was ihr essen sollt, noch um euren Leib, was ihr anziehen sollt! Seht auf die Raben: Sie säen nicht und ernten nicht, sie haben keine Vorratskammer und keine Scheune; und Gott ernährt sie. Seht euch die Lilien an, wie sie wachsen: Sie arbeiten nicht und spinnen nicht ...*« (Lukasevangelium 12,22–24.27)

Der Christ – ein frommer »Guckindieluft«? Jesuanische Lyrik für die Gestressten der Arbeitswelt? Ein Trostpfläschterchen für die geplagte Hausfrau und Mutter, die schauen muss, wie sie den heutigen Tag wieder auf die Reihe kriegt? Vor allem aber: Klingen diese Worte nicht wie schräge Musik in den Ohren der Armen und der Arbeitslosen?

Ja, diese Verse provozieren, solange wir das Kapitel bei Lukas nicht zu Ende lesen. Denn da mahnt Jesus eindringlich: Sorgen müsst ihr euch wohl, aber nicht um Brötchen und Klamotten, sondern vielmehr um das »*Reich Gottes und seine Gerechtigkeit*«, dann wäre ein für alle Mal ausgesorgt.

Ich suche nach Spurenelementen dieser neuen Gerechtigkeit in unserer Sozialpolitik. Immer wieder trifft der Rotstift zuerst die sozial Schwächeren. Hinter dem wohlklingenden Begriff »Reformen« versteckt sich oft ein brutaler Sozialabbau.

Wo es mit der Verteilungsgerechtigkeit nicht stimmt, muss man sich sorgen. Um Nahrung und Kleidung die einen, denen man die Leistungen kürzt. Um den Erhalt des Arbeitsplatzes die andern, die sich krumm machen und sich dabei fast verkrümmen, um ja nicht arbeitslos zu werden.

Ohne sozialen Ausgleich zerfällt eine Gesellschaft, zerbricht sie an ihren hausgemachten Konflikten. Man muss kein Neidhammel sein, sondern nur Realist, um nüchtern festzustellen, wie schräg die Lasten verteilt sind. Nach wie vor finanziert sich unser Staatswesen vor allem aus den Verbrauchssteuern sowie der Lohn- und Einkommensteuer der abhängig Beschäftigten. Und die Unternehmenssteuern? Nun – die zahlen vor allem Handwerk und Mittelstand. Wo aber beteiligen sich die weltweit operierenden Konzerne und die Vermögenden im Lande? Unser gegenwärtiges System schafft immer mehr privaten Reichtum und öffentliche Armut. Die Armen zahlen die Zeche.

Sorgt euch um soziale Gerechtigkeit, so interpretiere ich die Mahnung Jesu, dann wird uns vieles dazugeschenkt. Sozialer Friede im Lande etwa, »Schalom«, sagt die Bibel dafür: gutes, auskömmliches Leben für alle. Eine Agenda, die sich für alle rechnen würde.

Alt, arm und einsam

In Japan fallen immer mehr Senioren durch schwere Straftaten auf. Grauhaarige Gangster mit Krückstock und Rollator? Ist nicht so lustig, wie es klingt. Man ist der Sache nämlich auf den Grund gegangen: Viele Alte *wollen* ins Gefängnis. Sie glauben, im Knast für den Rest ihres Lebens ausgesorgt zu haben und gut aufgehoben zu sein. Denn auch in Japan purzeln die Renten im freien Fall. Auch in dieser noch jungen Industrienation reißen die familiären Bande, leiden und sterben immer mehr alte Menschen in den kalten Kammern der Einsamkeit.

Bei einer Rentenerwartung von gerade noch 42 % des vorherigen Brutto-Lohnes wird auch bei uns die jüngere Generation im Alter nicht auf Rosen gebettet sein. Vor allem jene nicht, die nur skandalöse Niedriglöhne beziehen, und das sind immer noch etwa 23 % aller Beschäftigten. Mit mickrigen Beiträgen ist kein ausreichendes Altersruhegeld zu erzielen. Und private Vorsorge? Daran ist bei Geringverdienern gar nicht zu denken!

Schon heute zappeln viele Rentnerinnen und Rentner in der staatlich finanzierten Grundsicherung, die allenfalls ein Existenzminimum garantiert und alte Menschen an den Rand der Armut bringt. Dabei hat man im Alter doch genug damit zu tun, dass die Kräfte schwinden, die Gesundheit Sorge macht, die Beweglichkeit nachlässt. Von den seelischen Herausforderungen ganz zu schweigen, wenn Beziehungsnetze reißen, Kinder ihre Eltern hängen lassen und immer mehr Abschiede zu bewältigen sind.

Im Alter dürfen nicht auch noch materielle Sorgen drücken! Es ist eigentlich die Zeit der Ernte, in der man die Früchte seiner Arbeit genießen soll. Um die fühlen sich aber die armen Alten betrogen, und das tut weh! Sie halten sich durch die Tafelläden über Wasser und sind auch immer mehr in den »Vesperkirchen« zu finden. Am meisten schmerzt es die armen Alten, wenn sie ihren geliebten Enkelkindern nichts gönnen können. Ein Leben voller Einschränkungen.

Altersarmut ist nicht Schicksal, sondern ein politischer Skandal! Ausreichende Löhne müssen ausreichende Rentenbeiträge garantieren. Über eine große Rentenreform wären endlich alle Einkommen, nicht nur die aus Arbeit, sondern auch satte Erträge aus privatem Vermögen zur Finanzierung der Renten heranzuziehen.

Doch auch das entbindet uns selber nicht davon, uns um die alten Eltern zu kümmern und familiäre Netze tragfähig zu machen. Nichts fürchten Eltern mehr, als sich in den letzten Jahren abgeschoben zu fühlen, abgeschnitten von denen, für die sie sich ihr Leben lang krumm gemacht haben.

»Verweile gern im Kreis der Alten«, so lautet eine Weisheitsregel aus dem Alten Testament der Bibel (vgl. Jesus Sirach 6,34). Sie zu befolgen, verspricht Gewinn – für Alt und Jung.

Mieter sind keine Zitronen

»Mieter sind keine Zitronen«, war kürzlich auf dem Plakat eines Demonstranten zu lesen. Ihn hat die Sorge um bezahlbare Mieten auf die Straße getrieben. In einigen Städten wurden sogar wieder leerstehende Häuser besetzt. Es ist ja auch zum Heulen: Oft suchen Familien in den Ballungsräumen jahrelang nach einem erschwinglichen Zuhause. Doch der Durchschnittslohn eines Alleinverdieners reicht dafür schon lange nicht mehr.

So rächen sich die Sünden der Vergangenheit. Im neo-liberalen Wahn hat man fast überall den Sozialen Wohnungsbau gegen null gefahren und das Menschenrecht auf Wohnung dem Markt vor die Füße geworfen. Nun erwerben Investoren zum Schnäppchenpreis ganze Altbausiedlungen und donnern sie zu teuren Luxus-Appartments auf. Wer als Mieter seine Wohnung nicht kaufen will, riskiert die Kündigung oder wird hinausgeekelt. Spekulanten grabschen sich in den Städten baureife Grundstücke und lassen sie einfach brach liegen, um den Preis nach oben zu drücken. Sogar weltweit agierende Finanzkonzerne schlagen aus der Wohnungsnot in Deutschland Kapital.

Die Folgen für die Allgemeinheit sind verheerend. Die »Öffentliche Hand« muss immer mehr Wohngeld-Zuschüsse bereitstellen. Die Wohnungssuchenden selbst zermürbt es fast in diesem verzweifelten Kampf um ein

Zuhause. Manche junge Menschen mussten aus diesem Grund einen lukrativen Arbeitsplatz ausschlagen. Bei anderen sind sogar schon Partnerschaft und Familien an dieser Not zerbrochen. Wer keine bezahlbare Wohnung bekommt, fährt oft weite Wege zur Arbeit und belastet damit sich und die Umwelt. Die Armutsforscher warnen: Wenn mehr als 40 % des Haushaltseinkommens in die Miete abfließen, ist der soziale Absturz vorprogrammiert – samt allen fatalen Folgen.

Höchste Zeit für einen Politik-Wechsel, nämlich für eine Neuauflage des Sozialen Wohnungsbaus! Das hochsensible Menschenrecht auf angemessene Wohnung darf niemals allein dem Markt überlassen werden.

Spekulanten und Investoren aber empfehle ich – am besten als Bildschirmschoner auf ihrem Computer – die Mahnung des Propheten Jesaja: »*Wehe denen, die Haus an Haus reihen und Grundstück an Grundstück fügen, bis kein Platz mehr da ist*« (vgl. 5,8).

Diese Drohung ist leicht abzuwenden: Die Investoren können doch mit weniger Rendite in bezahlbaren Wohnraum für alle investieren.

Bezahlte Familienarbeit?

»Wer Schweine aufzieht, ist ein produktives, wer Kinder aufzieht, ein unproduktives Mitglied der Gesellschaft«, klagte im Jahre 1841 der National-Ökonom Friedrich List.

Er hätte auch heute noch Grund zur Klage! Denn Arbeit im Haushalt, in der Kindererziehung, in häuslicher Pflege ist – rein materiell betrachtet – immer noch nichts wert. Milliarden von Arbeitsstunden werden einfach nicht bezahlt. Grade mal, dass pro Kind ein paar Rentenjahre gutgeschrieben werden. Unglaublich, dass Erziehungs- und Beziehungsarbeit – überwiegend von Frauen erbracht – nicht einmal im Brutto-Inlandsprodukt ausgewiesen wird. Eine echte Nullnummer!

Viele Frauen und Mütter, die Tag für Tag den Tisch abräumen, die Kinder für den Kindergarten oder die Schule vorbereiten, Besen und Staubwedel schwingen, waschen und bügeln, fühlen sich bisweilen als Aschenputtel der Gesellschaft. Manche haben das schon so verinnerlicht, dass sie sich bei Vorstellungsrunden verschämt als »Nur-Hausfrauen« zu erkennen geben. Dabei sind sie Managerinnen, Erzieherinnen, Köchinnen, Einkaufsleiterinnen, um nur wenige Qualifikationen zu nennen, von denen jede für sich schon ein Spitzengehalt wert wäre.

Warum erzielt man mit Schweinezucht einen Ertrag und erzieht Kinder zum Nulltarif? Vermutlich, weil wir diese Arbeit gesellschaftlich nicht hoch genug einschätzen. Viele erwerbstätige Männer halten Hausarbeit und Kindererziehung auch heute noch für selbstverständlich, fast vergnügungssteuerpflichtig. »Kinderkram – mach ich doch mit links«, behauptete mir gegenüber mal ein Großmaul. Es sind immer noch wenige Männer, die nach Feierabend richtig zupacken oder sich gar als Hausmann selbst eine Zeit lang hauptamtlich versuchen.

Was hindert uns eigentlich, Familienarbeit als echte Alternative zur Erwerbsarbeit auszugestalten – attraktiv für Frauen und Männer? Bezahlte Familienarbeit – das wäre gerecht, denn auch die Arbeit zwischen Waschmaschine und Wickelkommode ist ihres Lohnes wert. Das wäre auch wirtschaftlich vernünftig: Familien hätten ein solides Einkommen, alle wären sozial abgesichert und vor Altersarmut geschützt, der Staat würde massiv Sozialleistungen einsparen, der Arbeitslosigkeit wäre die Spitze gebrochen. Frauen und Männer könnten sich – in Augenhöhe zueinander – Erwerbs- und Familienarbeit besser teilen.

Dass Arbeit in der Familie zumeist aus Liebe getan wird, ist kein Grund, sie nicht gerecht zu entlohnen! Liebe – die kann man natürlich nicht in barer Münze, sondern nur in gleicher Währung zurückzahlen, nämlich mit Anerkennung und Dankbarkeit.

Tafelläden

In vielen Städten haben sich die Tafelläden fest etabliert. Manchmal sieht man morgens die Menschen dort schon Schlange stehen: »Hartz-IV-Leute«, Alleinerziehende, Flüchtlinge und arme Alte, um nur die zu nennen, die in unserem Land am meisten von Armut bedroht oder betroffen sind. Ohne die Tafelläden wäre »Schmalhans Küchenmeister« bei denen, die aufgrund von Niedriglöhnen, kümmerlicher Renten und Sozialleistungen als Konsumenten nicht mithalten können. So ist auch ihnen vergönnt, sich ausreichend und – wenn sie selbst darauf achten – vielseitig und gesund zu ernähren.

Hut ab vor den ehrenamtlichen Helferinnen und Helfern, die tagtäglich hochwertige Lebensmittel und Artikel des täglichen Bedarfs an Bedürftige mit Berechtigungsschein verkaufen. Sie bieten in Wirklichkeit ja mehr als nur billige Ware. Sie schenken denen Gehör, Zuwendung und Achtsamkeit, die – warum auch immer – an den Rand der Gesellschaft geraten sind.

Dank aber auch den Gebern der guten Gaben, Bäckereien, Lebensmittelhändlern und Supermärkten, die den Tafelläden kostenlos Waren vom Vortag oder mit baldigem Verfallsdatum überlassen.

Die Tafelläden also ein Erfolgsmodell? Für die Betroffenen ein eindeutiges Ja. Für eine reiche Gesellschaft aber ein »Armutszeugnis«. *»Arme sollte es bei euch gar nicht geben«* (Deuteronomium 15,4), so lautete das »Sozialstaatsgebot« im alten Israel. Arme sollte es auch bei uns, in diesem reichen Land, gar nicht geben. Oder ist die Sozialpolitik von heute mit dieser einfachen Regel eines Nomaden-Stamms überfordert?

Die Tafelläden müssten – wenn nicht heute, dann morgen – von der Bildfläche verschwinden, ganz einfach, weil sie überflüssig sind, »Ladenhüter« sozusagen. Denn alle Menschen haben Anspruch auf ein ausreichendes Einkommen, um sich direkt am Markt zu bedienen.

Kirchen und Sozialverbände hätten auch ohne die Tafelläden genug damit zu tun, die Armen und sozial Benachteiligten in ihrer seelischen Not anzunehmen, sie zu ermutigen und zu begleiten, um aus der Armut herauszufinden. Mit den Armen zusammen müssen gerade die Kirchen politische Kraft entwickeln, um Armut in einem reichen Land zu überwinden.

Keine Frage: Die Tafelläden sind ein Musterbeispiel praktizierter Nächstenliebe. Barmherzigkeit aber darf eine falsche Verteilungspolitik nicht beschönigen und zementieren. Liebe schreit nach Gerechtigkeit.

Stromabschaltung

Zitternd vor Aufregung stürzt eine alleinerziehende Mutter mit ihrer einjährigen Anna-Lena in mein Büro. Man hat den beiden heute früh den Strom abgedreht. Ob sie hier das Fläschchen wärmen könne? Gewiss – die Abschaltung war angekündigt, die Frau hätte sich als Mutter eines Kleinkindes wehren können. Aber dazu sah sie sich einfach außerstande.

Dieses Schicksal teilen gegenwärtig mehrere hunderttausend arbeitslose und arme Menschen, die ihre Stromrechnung nicht mehr bezahlen können. Was nun, wenn die Strompreise noch weiter steigen? Die Regelsätze der Grundsicherung sind pauschaliert und decken die Mehrkosten nicht. Dann fackeln die Anbieter auch nicht lange und schicken den Monteur, dem es bei dieser Aktion fast das Herz bricht.

Ein Leben ohne Strom: Machen Sie doch mal einen Selbsttest, wenn Sie heute Abend nach Hause kommen! Da sitzt man frierend im Dunkeln. Die Küche bleibt kalt, in Kühlschrank und Truhe vergammeln die Vorräte. Kaffee oder Tee? Nichts von alledem, was die Laune heben könnte. Kein heißer Hit aus den Boxen, keine Nachrichten aus der Flimmerkiste. Telefon und Internet? Auch die sind saft- und kraftlos. »Es ist, als hätte man mir selbst den Stecker gezogen«, meinte sarkastisch ein Betroffener.

Dürfen wir uns das in einer humanen Gesellschaft antun? Elektrischer Strom ist heute Teil der Grundversorgung wie Luft und sauberes Wasser. Der wohl gemeinte Ratschlag aus der Politik, auf energiesparende Technik umzurüsten, läuft bei den Einkommensschwachen ins Leere, denn solche Geräte gibt's nicht gerade umsonst.

Also doch einen »Sozialtarif« – sozusagen Strom aus dem Tafelladen? So vertiefen wir die Spaltung nur noch mehr! Stattdessen sollten die Sozialsysteme endlich »armutsfest« werden, das fordern die Wohlfahrtsverbände schon seit Langem. Dann könnten auch die Armen ihre Stromrechnungen bezahlen.

Die Politik muss sich allerdings die Frage gefallen lassen: Sind denn die Strompreise überhaupt gerecht? Warum erspart man den größten industriellen Stromfressern die Öko-Umlage und wirft ihnen die billigsten Tarife nach, wenn bei den Armen die Lichter ausgehen?

»Entzieh dem Armen nicht den Lebensunterhalt«, mahnt die Bibel im Alten Testament (vgl. Jesus Sirach 4,1). »Dreh ihm nicht den Saft ab«, könnte man heute ergänzen.

Ist unser Gesundheitssystem krank?

Ein Raubüberfall zwischen Jerusalem und Jericho. Ersthelfer ist ein durchreisender Geschäftsmann aus dem benachbarten Ausland, so erzählt die liebenswürdige Geschichte vom »Barmherzigen Samariter« im Neuen Testament (Lukasevangelium 10,25–37). Er versorgt den Schwerverletzten und transportiert ihn in eine Herberge. Dort beauftragt er den Wirt mit der Pflege, bezahlt im Voraus und kündigt an, für zusätzliche Aufwendungen später aufzukommen.

Das ist in den »Fallpauschalen« unseres Gesundheitssystems nicht vorgesehen, hier riskiert man eher eine »blutige Entlassung«. Das Prinzip der Kostendeckung, das uns dieser Samariter demonstriert, ist Schnee von gestern. Heute glaubt man, das Gesundheitswesen marktwirtschaftlich, ja sogar gewinnbringend führen zu können.

Am besten, indem man Krankenhäuser und Kliniken an private Investoren veräußert. Die machen das bekanntlich nicht ganz umsonst. Also wird wie in der Industrie rationalisiert, optimiert und fusioniert. Manche Krankenhauskorridore gleichen den Fertigungsstraßen in der Produktion. Wie im Akkord huschen die Pflegekräfte von Bett zu Bett, um dort – viel zu eng getaktet – ihre »Module« abzuarbeiten.

Dazu spielt die bekannte marktwirtschaftliche Begleitmusik: Kliniken werden zu »Leistungsanbietern« aufgehübscht, Patienten verwandeln sich in »Kunden«. Als könnte man bei einem Herzinfarkt erst mal die Angebote der Kardiologen vergleichen. Ein Kranker ist kein Marktteilnehmer, er braucht Hilfe, optimale Versorgung und darüber hinaus Nähe und Zuwendung. Denn jede Krankheit bedeutet einen Ernstfall im menschlichen Leben. Sie konfrontiert uns mit Gebrechlichkeit, mit Endlichkeit, mit der Vorläufigkeit unseres Daseins.

»Barmherzigkeits-Module« sind in den Leistungskatalogen der »Gesundheitskassen«, wie sie sich heute modisch nennen, nicht vorgesehen. Wenn Jesus seine Gleichniserzählung vom barmherzigen Samariter mit der Aufforderung schließt: »*Geh und handle genauso*«, dann meint er uns. Wir als Angehörige müssen die Kranken umhegen mit Verständnis, Achtsamkeit und Liebe. Wir sind es, die trösten, aufrichten, streicheln und die Hand halten.

Viele der Pflegenden wären übrigens gerne »barmherzige Samariter«, wenn sie nur könnten. Aber sie arbeiten unter einem irrsinnigen Zeit- und Kostendruck und haben daher selbst Barmherzigkeit nötig.

Angeprangert

Auf manchen historischen Marktplätzen kann man ihn heute noch bestaunen: den mittelalterlichen Pranger. Dort wurden wirkliche oder auch nur vermeintliche Missetäter und vor allem Missetäterinnen – halbnackt und kahlgeschoren – an Halseisen angekettet oder in großen Käfigen öffentlich zur Schau gestellt. Wer einmal – schuldig oder nicht – am Pranger stand, war für sein ganzes Leben gezeichnet.

Finsteres Mittelalter? Ach wo – die Prangersäulen von heute verbergen sich gut getarnt in den »Sozialen Netzwerken«. Unter dem Schutz der Anonymität kann man dort nach Herzenslust Andersdenkende vor aller Welt beleidigen, verleumden, mit »Shitstorms« überziehen, ja sogar mit dem Tod bedrohen. Dabei unerkannt zu bleiben, ruft alle Feiglinge auf den Plan, die eine offene, sachliche Auseinandersetzung scheuen. Doch auch jene, die sich namentlich outen, lassen Dampf ab in einer Manier, die das Mittelalter beschämt.

Es wird höchste Zeit, die feinen Plattformbetreiber mit empfindlichen Bußgeldern zu belegen, wenn sie Hassbotschaften, Verleumdungen, unwahre Behauptungen und Morddrohungen nicht umgehend löschen. Auch die Verfasser dürfen nicht ungeschoren davonkommen: Sie müssen identifiziert und strafrechtlich verfolgt werden. Wo leben wir denn? Das Internet ist doch kein rechtsfreier Raum!

Dass Menschen einander schamlos fertigmachen, ist nicht neu! Verzweifelt schreit ein Psalmist im Alten Testament der Bibel: *»Du Ränkeschmied, du planst mein Verderben; deine Zunge gleicht einem scharfen Messer!«* (Psalm 52,4). Ein anderer fleht zu Gott: *»Herr, rette doch mein Leben vor lügnerischen Lippen und vor der falschen Zunge«* (Psalm 120,2).

Wer im Internet plötzlich am Pranger steht, fühlt sich oft zu schwach, um sich wirklich zu wehren. Da sind die Anständigen in der »Netzgemeinde« gefordert. Sie können zurechtrücken, versachlichen und sich schützend an die Seite der Angegriffenen stellen. Den Schreiberlingen kann man dabei signalisieren, wie abscheulich und widerlich das daherkommt, was sie absondern.

Vielleicht kapiert der eine oder andere dann doch, dass Hass auf Dauer auch die eigene Seele zerfrisst und nur die Liebe unser Leben lebenswert macht. Wenn diese Latte für manche zu hoch liegt, käme vielleicht ein »Win-win-Geschäft« in Betracht. Die Formel kennt jedes Kind: »Was du nicht willst, dass man dir tu, das füg auch keinem andern zu!«

Das Leben lieben
und die Liebe leben

Gott ist bei den Armen

Die Weihnachtszeit ist zu Ende, die Krippen sind abgeräumt, ihre Figuren eingemottet und die Christbäume entsorgt.

Ich habe mir ein kleines Erinnerungsstück herübergerettet und in meinen neuen Kalender eingeklebt: einen ganz banalen Strohhalm von der Krippe an Heiligabend. Im Gottesdienst der Betriebsseelsorge haben wir uns gefragt, wo wir hier bei uns konkret auf Armut treffen. Wer Antwort gab, griff sich eine Handvoll Stroh und legte es in die leere Futterkrippe. Von Hungerlöhnen war die Rede, von »Hartz IV« und von kümmerlichen Renten. Neben der Armut im materiellen Sinn kam natürlich auch die ganze Armseligkeit inmitten des Reichtums zur Sprache: Beziehungskisten, die berstend auseinanderkrachen, und so manche Not mit den heranwachsenden Kindern. Und immer wieder war da die Angst um den Arbeitsplatz bei den einen und Arbeit im Übermaß bei den andern. Von Krankheit, Alter und Tod ganz zu schweigen, denn die Uhr tickt bei allen, und die Jahre fliegen nur so dahin. Am Ende quoll das Stroh in der Krippe über – voll mit unseren Nöten und Sorgen.

An diesem Bild wurde mir wieder klar, was wir da gefeiert haben: In dieses stachlige Stroh hinein wurde Jesus geboren. Mitten hinein in die erbärmliche Armut der Hirten.

Sie erfuhren es als Erste, waren auch die Ersten im Stall und erkannten sofort: Der da geboren wurde, ist ja einer von uns! Jesus ist bei den Armen, sie brauchen nicht lange zu suchen. Nicht weil sie die besseren Menschen sind, sondern weil er durch seine Solidarität dieser elenden Armut ein Ende machen will. Das war seine Botschaft und die hat er überzeugend gelebt.

Die Frage ist dann allerdings: Wenn Jesus bei den Armen ist, was feiern dann die Reichen an Weihnachten? Ist Jesus auch für uns geboren, die wir es auf der nördlichen Halbkugel besser erwischt haben als die Masse der Menschen im Süden? Wir haben doch Arbeit und Einkommen, annehmliche Lebensbedingungen und soziale Sicherheit. Wir zählen schon deshalb – unabhängig vom Bankkonto – zu den »Reichen« in dieser Welt.

Zum Glück haben nicht nur die Hirten den Weg zur Krippe gefunden, sondern auch wohlhabende Könige oder Gelehrte aus dem Orient. Sie waren nicht die Ersten – aber sie kamen auch noch rechtzeitig. Wie haben sie den Weg gefunden? Nun – die drei Weisen waren offenkundig suchende Menschen geblieben, voller Hunger und Durst nach dem Unendlichen. Sie lehnten sich nicht einfach satt und träge in ihrem Reichtum zurück. Sie trugen eine Vision im Herzen und spürten, dass Leben mehr ist als Haben. Ein Stern hat sie geführt, eine Vision sie getrieben. Und als sie das Kind gefunden hatten, heißt es im Evangelium, fielen sie nieder und beteten es an. Ihre Sehnsucht war in Erfüllung gegangen: Nun brauchen sie Gott nicht mehr zu suchen in den rätselhaften Konjunktionen der Gestirne, auch nicht in den Gelehrtenstuben in Jerusalem und schon gar nicht in den Machtzentralen bei Typen vom Schlag eines Herodes. Sie finden Gott in Gestalt eines hilflosen, zappelnden Kindes in einer Futterkrippe, mit dem sie nun ihren Reichtum teilen.

Der Strohhalm in meinem Kalender wird mich ein Jahr lang daran erinnern: Jesus ist bei den Armen und nicht bei den Reichen. Dann ist auch mein Standort klar. Wer Christus ähnlich werden will, muss, wie er es tat, »*Knechtsgestalt annehmen*« (vgl. Philipperbrief 2,7), sich einlassen in das Schicksal der Armen und Geplagten.

Das ist auch frohe Botschaft für die Reichen. Sie bleiben nicht einfach draußen vor. Im Reich Gottes gibt es keine »Apartheid«. Wer nach dem Sohn Gottes sucht, braucht nur hinzugehen zu den Armen. Das ist zwar ein kleiner Umweg, aber dort können ihn alle finden.

Liebe – stark wie der Tod

»*Liebe ist eine schwere Geisteskrankheit*« – diese etwas seltsame Diagnose wird dem griechischen Philosophen Plato zugeschrieben. Demzufolge laufen gerade jetzt im Wonnemonat Mai viele Irre in der Gegend herum. Am meisten gestört wäre demnach der liebe Gott, denn »*Gott ist Liebe, und alle Liebe stammt aus Gott*«, meint die Bibel (vgl. 1. Johannesbrief 4,7).

Nun – so ganz daneben liegt Plato mit seinem psychiatrischen Gutachten auch wieder nicht: Wer liebt, verliert schon mal den Verstand, dem hat es den Kopf verdreht, er ist liebestoll, weiß der Volksmund. Das kann auch noch älteren Jahrgängen widerfahren: »Wenn alte Scheuern brennen, dann brennen sie lichterloh«, behauptet ein Sprichwort!

Ja – Liebende sind in des Wortes wahrsten Sinn »Ver-rückte«, herausgerückt aus der Logik der Vernunft und dem nüchternen Kalkül. Denn Liebe ist kein Geschäft auf Gegenseitigkeit, sie ist nicht berechenbar. »Gell, Mama, du liebst mich einfach wegen nix«, sagt die vierjährige Anja zu ihrer Mutter und bringt auf den Punkt, was Liebe ist: ein Geschenk, unverdient, »einfach wegen nix«.

Herrlich: Auch in der Bibel stößt man auf ein völlig verrücktes Liebespaar. Im »Hohen Lied« des Alten Testaments besingen zwei Verliebte in tausend Worten und Bildern – knisternd vor Erotik – den Liebreiz und die Anmut des andern: Liebeslyrik in vollendeter Form. Sie hat vermutlich deswegen in der Bibel ihren Platz gefunden und behalten, weil die Liebe, auch in ihrer erotischen Version, nicht von Gott zu trennen ist. Sie ist eine geradezu überirdische Macht, »*stark wie der Tod*«, heißt es in diesem biblischen Liebeslied (Hohelied 6,7).

Liebe – ob wir sie empfangen oder verschenken – lässt Menschen aufleben, weil die Liebe den Tod der Einsamkeit, der Beziehungslosigkeit, der sozialen Kälte überwindet. Das macht das Glück der Liebe aus: Man findet hin oder zurück ins Leben.

Die Liebe ist Gottes Geschenk an uns. Wir dürfen sie annehmen. Sie macht das Leben lebenswert und taucht es in ein neues Licht. Es fällt wie durch einen Spalt in unsere dunklen und kalten Kammern. Die biblischen Zeugnisse sind sich sicher: Dieses Licht ist ein Schimmer aus der anderen, der göttlichen Welt. Liebe ist die Leuchtspur, die uns zu Gott hinführt, denn Gottes- und Menschenliebe sind gar nicht voneinander zu trennen.

»Wer nicht liebt, bleibt im Tod«

Jeden Sommer kommt es in Blumenrabatten und Gemüse-
beeten zu einem Massaker: Die Hobby-Gärtner blasen zum
Halali auf die gemeine Nacktschnecke. Jene Spezies aus
des Herrgotts Zoologie, bei der man sich fragt, was er sich
wohl dabei gedacht hat. Denn diese Schwadronen vernich-
ten ratzfatz, was eigentlich für andere Mäuler vorgesehen
war. Daher wird kurzer Prozess gemacht.

Der siebenjährige Tobias sieht's mit Grausen und macht
seiner Nachbarin ein Angebot: »Bring doch die Schnecken
zu mir!«, sagt er. Verwundert fragt diese zurück: »Warum
möchtest du sie denn haben?« Die Antwort: »Weil sie
sonst keinen haben, der sie mag.«

Es ist besser, ich behalte die Adresse dieses Jungen für
mich, sonst rollen demnächst ganze Container an.

Tobias ist dem Geheimnis des Lebens auf der Spur. Wer
keinen hat, der ihn mag, wer von niemandem gemocht
wird, ist ein armer Tropf! Die Listen sind lang: Flüchtlinge,
die wir notgedrungen aufnehmen müssen, die uns aber
nicht willkommen sind. Würden sie doch bleiben, wo der
Pfeffer wächst. Alte Menschen, die in ihrer Einsamkeit
versinken und sich von Gott und der Welt verlassen fühlen. Viele Alleinstehende in Trennung oder Scheidung
samt all denen, die zwar zu zweit leben, aber einander doch
nicht mögen. Auch psychisch Kranke, Arbeitslose und

Arme zählen nicht gerade zu unseren Lieblingen – von den Straffälligen ganz zu schweigen, die man gleich hinter Gittern verwahrt.

All denen würde der kleine Tobias wohl auch Asyl gewähren, denn »sie haben keinen, der sie mag«.

»Wer nicht liebt, bleibt im Tod«, heißt es im Neuen Testament der Bibel (1. Johannesbrief 3,14). Wer nicht liebt, der schaufelt sich das eigene Grab. Das gilt für die Fundis und die »Gotteskrieger«, religiöse und politische Fanatiker, die »über Leichen gehen«. Doch die Lieblosigkeit beginnt schon dort, wo wir selbst unzugänglich werden für Gefühle und am Leben anderer gar nicht mehr teilnehmen, sondern wie versteinert nur noch um uns selber kreisen. Nur wer liebt, bleibt am Leben.

Wie wär's, wenn wir heute einmal zu einem Menschen wertschätzend sagen würden: »Du, ich mag dich« oder: »Schön, dass es dich gibt«. So wie die Kinder bei Geburtstagen gerne singen: »Wie schön, dass du geboren bist, wir hätten dich sonst sehr vermisst!« In echt – dieses harmlos klingende Sätzchen würde Leben schenken – dem Empfänger ebenso wie dem, der es sagt.

Sein Leben hingeben
für den andern?

»*Es gibt keine größere Liebe, als wenn einer sein Leben hingibt für seine Freunde*« (Johannesevangelium 15,13). Ein Wort aus den sogenannten Abschiedsreden Jesu im Johannesevangelium.

Einer hat das vor noch nicht langer Zeit wörtlich genommen und mutig in die Tat umgesetzt: der französische Polizei-Offizier Arnaud Beltrame. Ein islamistischer Fanatiker hatte in Südfrankreich einen Supermarkt überfallen, drei Menschen getötet und eine Frau in seine Gewalt gebracht. Kurzentschlossen ließ sich der Polizist gegen die Geisel austauschen und wurde wenig später von diesem verblendeten Täter kaltblütig ermordet. Vor Arnaud Beltrame – seines Zeichens bekennender Christ – kann man sich nur in Hochachtung verneigen. Ich wäre vermutlich zu einer solchen Hingabe nicht fähig gewesen.

Sein Leben hingeben für seine Freunde – geht das vielleicht auch ein paar Nummern kleiner? Ich denke schon. Wenn ich anderen mein Ohr leihe, für sie da bin, ihnen meine kostbare Lebenszeit schenke, gebe ich einen Teil meines Lebens und bin damit Jesus schon auf der Spur.

Kinder sehnen sich am meisten danach, dass wir Zeit für sie haben. »Guck mal«, stupft mich der dreijährige Aaron. Guck mich an, meint er, nimm mich wahr, teile deine

Zeit und deine Aufmerksamkeit mit mir. »Besuch mich bald mal wieder«, bittet mich ein einsamer alter Mensch und bedankt sich überschwänglich: »Schön, dass du da warst.«

Weniger schön, wenn ich für jemand »in die Bresche springen« muss, weil der fix und alle ist. Auch da gebe ich einen Teil meines Lebens. Erst recht, wenn ich jemanden »in Schutz nehme«, meinen »Kopf hinhalte« oder mir gar »die Finger verbrenne«, um einen Kollegen rauszuhauen, der wirklich Mist gebaut hat. Da riskiert man selber Kopf und Kragen.

»Es gibt keine größere Liebe, als wenn einer sein Leben hingibt für seine Freunde«. Schaff ich nie, denkt sich mancher. Doch – in kleinen, oft unscheinbaren Zeichen der Hingabe und Nächstenliebe.

Aber lohnt sich das?

Rein rechnerisch nie! Da zahlt man ja nur drauf. Liebe aber rechnet nicht. Wer sich hingibt, so verheißt dieses Jesus-Wort, taucht ein in die noch größere Liebe Jesu Christi und fühlt sich darin selber geborgen.

Herbergssuche

(Advent / Weihnachten)

»*Wer klopfet an?*« – »*O zwei gar arme Leut …*« –, so sangen wir mit den Kindern bei der Herbergssuche im Advent.
Keck hatte sich ein Sechsjähriger gemeldet: Er wollte par-
tout die Rolle des Zimmerwirts übernehmen. Schon zwei-
mal hatte das heilige Paar um Unterkunft gebeten und
wurde schroff abgewiesen. »*O gebt uns Herberg heut*«, so
bettelte Josef mit seiner hochschwangeren Frau ein drittes
Mal. Nun hätte die Tür laut Drehbuch endgültig ins
Schloss fallen müssen. Doch der kleine Hotelier bekam einen Heulkrampf. Das Schicksal dieses obdachlosen Paares
hatte ihn so mitgenommen, dass er die Rolle schmiss und
weinend in die Arme seiner Mutter lief.

Wem das Schicksal der Kriegs- und Elendsflüchtlinge
ähnlich zu Herzen geht wie diesem Jungen, dem kommen
wirklich die Tränen. So viel Leid, Unrecht und Gewalt,
was Familien und vor allem auch Kinder in Syrien, im Irak
oder wo auch immer erleiden müssen.

Immer noch pochen Kriegs- und Elendsflüchtlinge bei
uns an die Tür. Sie fühlen sich nicht sehr willkommen!
Wenn mancherorts Asylheime abgefackelt werden und
Nazi-Schmierereien unsere Städte verunstalten, kann von
einer »Willkommens-Kultur« kaum die Rede sein. Von

hasserfüllten braunen Hetzern einmal ganz abgesehen, die als angebliche Patrioten die »Islamisierung des Abendlandes« befürchten.

Umso erstaunlicher ist es, was die vielen Freiwilligen, die sich in der Flüchtlingshilfe engagieren, berichten. Sie fühlen sich innerlich beschenkt, wenn sie Vertrauen schaffen können und ihnen die Herzen der Kinder zufliegen. Es ist zwar manchmal schwer für die Helferinnen und Helfer, Flüchtlinge bei der Wohnungssuche zu unterstützen, sie auf Ämter und Behörden zu begleiten, die Kinder zu betreuen und ihnen Deutsch beizubringen. Doch dann ist eitel Freude auf beiden Seiten, wenn man wieder einen Schritt auf dem Weg zur Integration vorangekommen ist.

Schmerzlich werden im alten Israel die Menschen immer wieder daran erinnert, dass sie einst selbst Fremde in Ägypten gewesen sind. »*Daher soll*«, so heißt es in der Bibel, »*gleiches Recht gelten für die Fremden und die Einheimischen, denn Gott liebt die Fremden*« (vgl. Leviticus 24,22). Und wer sich als Christ bekennt, muss wissen: Er bekennt sich zu einem politisch verfolgten Flüchtlingskind.

Im Übrigen: Wir alle sind nur Durchreisende und keine Dauermieter, auch unsere »Aufenthaltsgenehmigung« ist begrenzt. »*Wir sind nur Gast auf Erden und wandern ohne Ruh mit mancherlei Beschwerden der ewigen Heimat zu*« (Gotteslob 505), so singen wir an den Gräbern. In der Hoffnung, dass Gott uns nicht die Tür vor der Nase zuschlägt, wenn wir Obdach suchen, sondern uns einlässt in sein Haus.

Werden wie die Kinder

(Weihnachtszeit)

Wer die Geburtskirche in Bethlehem betreten will, muss sich tief bücken. Das einst imposante Kirchenportal wurde in der Kreuzfahrerzeit bis auf einen kleinen Durchschlupf zugemauert, um räuberischen Reiterhorden den Zugang zu versperren, so erzählt die Geschichte.

Warum aber hat man diese Schikane nicht wieder zurückgebaut?

Das hat mit dem Weihnachtsgeheimnis zu tun. Ihm kann sich nur nähern, wer sich selbst klein macht wie ein Kind. Denn Gott selbst hat sich klein gemacht, hat sich erniedrigt, so steht es in der Bibel. Gott hat sich herabgebeugt zu uns Menschenkindern und ist ein Kind geworden. Wer ihm begegnen will, muss also herunter vom »hohen Ross«.

Kinder haben mit diesem winzigen Pförtchen in Bethlehem kein Problem. Wenn wir nicht »*werden wie die Kinder*«, sagt Jesus (Matthäusevangelium 18,3), finden wir den Durchlass nicht in das »Reich Gottes«. »*Werden wie die Kinder*« – damit meint Jesus wohl jenes abgrundtiefe Vertrauen, zu dem Kinder fähig sind. Ihre Bedürftigkeit, die unsere Fürsorglichkeit wachruft. Ihre Liebe zu denen, die ein Herz für sie haben und ihre Liebe erwidern. Nur in so kindlichem Vertrauen erschließt sich uns das Geheimnis um die Menschwerdung Gottes in Jesus.

Aber wie gehen wir mit den Kindern um? Neun Millionen sterben jährlich an Unterernährung, an Krankheiten und mangelnder Hygiene. Kaum ein Tag, an dem nicht ein Kind misshandelt, missbraucht oder gar umgebracht wird. Häufig nehmen sich die Eltern zu wenig Zeit für die Kinder. Sie vermitteln ihnen keine Werte, setzen ihnen keine Grenzen und zeigen keine Perspektiven auf. Nur noch wenige Kinder bekommen am Abend eine »Gutenachtgeschichte« vorgelesen. Jugendliche versumpfen ohne elterlichen Beistand in den Abgründen des Internets und der »Sozialen Netzwerke«. Immer noch wird in unserem Land viel zu wenig in Bildung investiert. Fast 6 % der Jugendlichen verlassen die Schule ohne einen Hauptschulabschluss. Damit ist ihnen auch der Zugang zu einer qualifizierten Berufsausbildung versperrt und der Weg in die Arbeitslosigkeit vorprogrammiert.

Weihnachten – das »Fest der Kinder« – liegt wieder hinter uns. Vielleicht sind wir in diesen Tagen dem göttlichen Kind, dem menschgewordenen Gott näher gekommen – nicht zuletzt, weil wir uns den Kindern mehr als sonst zugewandt haben. Würden sie das ganze Jahr über Aufmerksamkeit, Achtung und Liebe erfahren, würden wir uns vor allem mehr Zeit für Kinder nehmen – das gäbe uns zwölf Monate lang ein »Gefühl wie an Weihnachten«.

Gewalt gegen Kinder

»Warum musste Kevin sterben?« – Diese Frage – grob auf Pappe gekritzelt und inmitten eines Meers von Lichtern und Blumen – hielt vor Kurzem eine ganze Stadt in Atem. Und warum musste Kevin sterben? Weil der eigene Vater den Dreijährigen erschlagen hat, lautet die erbärmliche Antwort. Zwei bis drei Kinder, so verrät die Statistik, kommen in Deutschland in jeder Woche zu Tode – geschlagen, gestoßen, geschüttelt oder sexuell missbraucht. Viele andere überleben schwer traumatisiert und oft gezeichnet für ihr ganzes Leben.

Immer, wenn solche Skandale bekannt werden, geraten auch die zuständigen Behörden ins Visier – ein Super-GAU für das zuständige Jugendamt. Ich denke an Lisa, Sozialpädagogin in der Jugendhilfe. Auf ihrem Schreibtisch stapeln sich gegenwärtig 80 Fälle. Und täglich kommen neue hinzu. Doch sie kann und darf nicht einfach nach »Aktenlage« entscheiden. Wo das »Kindeswohl« in Gefahr ist, muss man sich erst behutsam an überforderte Mütter oder gewalttätige Väter herantasten, sich ein Bild verschaffen, viele Gespräche führen und weitere Fachleute zu Rate ziehen. Das kann dauern, bis ein betroffenes oder bedrohtes Kind den Eltern weg- und in »Obhut genommen« wird. So lautet das im Behördendeutsch. Und manchmal dauert es zu lange. Kein Wunder, denn die Jugendämter und die Familiengerichte sind personell unterbesetzt. Die Helferinnen und Helfer schreien selber um Hilfe. Umso mehr gebührt denen Dank und Anerkennung, die sich unter so erschwerten Bedingungen mit großem Einsatz zum Wohl unserer Kinder einbringen. Ihnen bricht es manchmal selbst fast das Herz, wenn sie nach gründlicher Abwägung einer Mutter das Kind wegnehmen müssen.

Doch nun ist die Politik am Zug. Sie muss endlich ausreichend qualifiziertes Personal bereitstellen.

Allerdings darf man das »Kindeswohl« nicht einfach an die Behörden delegieren. Es muss uns allen zur Herzenssache werden. Dann werden wir wachen Auges wahrnehmen, was um uns herum geschieht, wo Kinder missachtet oder gar gequält werden.

Als Christ fasziniert mich, wie Jesus mit den Kindern umgegangen ist. Auch damit provozierte er die Gesellschaft von damals, denn die Kinder waren ja Randfiguren. Die Evangelien berichten, wie die Gefolgsleute Jesu einmal die bettelnden und lärmenden Horden davonjagen. Jesus aber umarmt und segnet die Kinder. Mehr noch: Einmal rief er ein kleines Kind, stellte es in die Mitte und sagte: »*Wer ein solches Kind in meinem Namen aufnimmt, der nimmt mich auf*« (Markusevangelium 9,36–37).

Leben und Weben

(Neujahr)

Fasziniert schaue ich der kleinen Sophie über die Schulter: Sie ist mit Feuereifer dabei, die senkrecht gespannten »Kett-Fäden« in ihrem kleinen Web-Rahmen mit bunter Wolle zu durchschießen. »Kette und Schuss«, heißt das im Weber-Latein.

Ab heute sind uns im Kalender dieses neuen Jahres – so Gott will und wir leben – 365 Tage wie »Kettfäden« in einem Web-Rahmen vorgespannt. Ein Gewebe ist das noch lange nicht! Nun liegt es an uns, ob wir – wie die kleine Sophie – das »Weber-Schiffchen« in die Hand nehmen und die »Kettfäden« durchschießen, damit ein Textil daraus wird, wärmend und schön.

Ich möchte heute einen bunten Faden »Dankbarkeit« einweben. Wie schön, dass mir dieser Tag geschenkt ist, dass ich es gut und warm habe und ich mich in Liebe geborgen weiß.

Es wird allerdings auch in diesem Jahr nicht an »Grautönen« fehlen: Ich denke an Tage voller Missmut und Enttäuschung, das banale Einerlei des Alltags. Vielleicht mischt sich auch ein schwarzer Strang ins bunte Gewebe, wenn Abschiede zu bewältigen sind und Trauer auszuhalten ist. Hoffentlich strahlt auch ein kräftiges Rot, nämlich

Liebe, Lust und Leidenschaft. Die Freude, etwas zu gestalten, mitzumischen und Verantwortung zu übernehmen. Ach – auch ein sattes »Blau« muss noch hinein: »Blaumachen« und auch mal die Seele baumeln lassen.

Sophie greift nun zu einem Weber-Kamm, um die eingewobenen Fäden dichter aneinanderzurücken – ja, nur so wird aus dem löchrigen Stück ein festes Gewebe, das sie nun stolz präsentiert.

Den Menschen in der Bibel war das Bild des Webers vertraut. Für den Apostel Paulus, als Tuchmacher ohnehin vom Fach, flicht sich Gott ins Gewebe mit ein, »*denn in ihm leben, weben und sind wir*«, predigt er in Athen (vgl. Apostelgeschichte 17,28).

Leben und Weben – Ich hoffe, dass dieses Jahr mit Gottes Hilfe ein Kunstwerk wird, das ich ihm am Ende meines Lebens einmal dankbar hinhalten kann. Die Webfehler möge er mir verzeihen. Da verlass ich mich auf den Propheten Jesaja (vgl. 38,12). Der meint, dass Gott selbst das gute Stück vollenden wird: »*Wie ein Weber hast du mein Leben zu Ende gewoben, du schneidest mich ab wie ein fertig gewobenes Tuch.*«

Muttertag

Es sind nicht nur Tränen der Rührung und des Glücks, die heute am Muttertag fließen, sondern auch Tränen des Unglücks und einer unendlichen Trauer. Viele Mütter warten nämlich vergebens auf ein Zeichen der Dankbarkeit. Der Briefkasten – gähnend leer, die Mail-Box ebenso, und das Telefon schweigt.

Als Seelsorger habe ich schon mehrfach mitbekommen, dass sich junge Menschen mit einer erschreckenden Unerbittlichkeit von ihren Eltern lossagen, vornehmlich die Töchter von ihren Müttern – so, als hätte es nie eine Herkunftsfamilie gegeben.

Dass es rappelt zwischen Jung und Alt, ist nicht außergewöhnlich. Und die Eltern möchte ich kennen, die keine Fehler in der Erziehung ihrer Kinder zuzugeben hätten. Aber muss man deswegen gleich die Brücken hinter sich abbrechen?

Damit nicht genug: Vielen Großeltern werden auch noch ihre Enkelkinder vorenthalten. Eine »kalte Aussperrung« sozusagen. Kontakte sind untersagt, Geschenke werden abgewiesen: »Annahme verweigert«. Das erste Lächeln des Kleinkinds, die ersten tapsigen Schritte, das erste gestammelte Wort – das alles läuft an den Großeltern vorbei. »Opa«, »Oma« hören manche von ihnen jeden Tag die Nachbarskinder rufen. Aber das gilt eben nicht ihnen und trifft sie wie ein Stich ins Herz. Betrogen um den Trost und den Glanz der alten Tage laufen sie Gefahr, zu verbittern.

Betrogene sind aber auch die Enkelkinder, betrogen um die Liebe und Zuneigung ihrer Großeltern. Kindern Liebe vorzuenthalten, ist ja wirklich das Letzte. Denn Liebe ist ihr Lebenselixier, sie können nie genug davon bekommen.

Was da immer auch in früheren Jahren zwischen Eltern und Kindern, vor allem zwischen Müttern und ihren Töchtern geschehen sein mag – es rechtfertigt niemals einen solchen Bruch. Konflikte kann man – vielleicht auch mit Hilfe von außen – aufarbeiten. Wenn nicht – wie wär's, wenn man sie einfach ruhen ließe, statt sie auch noch auf die nächste Generation zu übertragen? Gerade über die Enkelkinder wäre ja ein Neuanfang sozusagen spielend leicht.

Der Muttertag ist keine christliche Erfindung, aber ein schönes Zeichen. Alle wurden wir von unseren Müttern unter Schmerzen geboren. Fast alle sind wir von ihnen mit Hingabe und Liebe großgezogen worden. Mütter verdienen den Dank ihrer Kinder.

Ich bete heute vor allem für die »Schmerzensmütter« unserer Tage, für die, die verlassen worden sind. Vielleicht könnten wir als Nachbarn, als Freundinnen und Freunde diesen Müttern ein wenig Aufmerksamkeit und Zuwendung schenken – und dies nicht nur heute!

Weggesperrt

»Ich war im Gefängnis, und ihr habt mich besucht ...«, so liest man in der Gerichtsrede Jesu im Neuen Testament (Matthäusevangelium 25,36). Doch mit diesem »Werk der Barmherzigkeit« nehmen wir Christen es nicht so genau. Nur wenige Gläubige finden den Weg zu den Menschen hinter den Mauern. Dabei genügen ein paar Formalitäten, um zum Beispiel am Sonntagsgottesdienst in einer Vollzugsanstalt teilzunehmen. Von Gefängnissen nimmt man am Rande mal wieder Notiz, wenn ein Prominenter einfährt oder wenn es darum geht, den geplanten Neubau eines Knastes vor der eigenen Haustür abzuwehren. Gefangene fühlen sich ausgegrenzt und weggesperrt.

Natürlich gibt es nichts zu beschönigen: Wer einsitzt, ist in der Regel auch straffällig geworden. Es wurde Recht gebrochen und Recht gesprochen. Das Recht jedoch, Mensch und Bürger zu sein, kann auch Straftätern nicht aberkannt werden. Die Gefangenen gehören zu uns, wir können sie nicht einfach hinter Schloss und Riegel verwahren. Der Freiheit beraubt, haben sie viel zu leiden, sind konfrontiert mit ihrer Schuld, abgeschnitten aus ihrem Beziehungsumfeld, oft einsam und allein. Nicht selten auch der Willkür und der Gewalt mafiöser Bosse ausgeliefert, die heimlich die Knäste terrorisieren. Und fast alle Gefangenen sehen einer ungewissen Zukunft entgegen und fragen sich: Wird mich am Tag der Entlassung überhaupt jemand erwarten? Wo finde ich einen Platz – meinen Platz – im Leben und in der Gesellschaft?

Ein Neuanfang gelingt nur, wenn die Gefangenen während der Haft mit der Außenwelt in Beziehung bleiben. Und darum dürfen wir sie nicht alleine lassen. Ich bewundere einen einfachen Arbeiter, der Gefangene in Kraftsport trainiert, eine Lehrerin, die Sprachkurse anbietet. IT-Fachleute vermitteln den Umgang mit neuer Technik. Christinnen und Christen halten Bibelkreise und begleiten die Gottesdienste mit Musik und Gesang.

Wenn ich mit Gefangenen die Messe feiere, wird mir dieser Gottesdienst immer zu einem tiefen religiösen Erlebnis. Ich spüre: Niemand hat die befreiende Botschaft Jesu nötiger als die Menschen hinter Gittern. Fast immer hören sie aufmerksam zu, manchmal fließen auch Tränen. Im Gefängnisgottesdienst erschließt sich mir die Eucharistie als das »Mahl der Sünder«. Zu denen zähle ich mich auch.

Für die »Knackis«, wie man sie abfällig nennt, fallen zwar nach dem Gottesdienst die schweren Stahltüren wieder ins Schloss, aber vielleicht ahnt der eine oder die andere doch, dass die Freiheit im Herzen beginnt und dass Gott auch jene liebt, die ihr Leben mit einer Straftat belastet haben.

»Keinen Tag soll es geben, an dem niemand da ist, der mir die Hände reicht«, so sangen die Gefangenen beim Gottesdienst am letzten Sonntag. An uns liegt es, ob diese Bitte für sie in Erfüllung geht.

Wertstoffe

Vielleicht führt Ihr Weg in den nächsten Tagen mal wieder zum »Wertstoffhof«. Das hat ja gedauert, bis wir endlich begriffen haben, Abfall nicht einfach wegzukippen oder zu verbrennen, sondern ihn sorgfältig zu sortieren, um seine Wertstoffe wiederzugewinnen.

In manchen meiner Beratungs- und Beichtgespräche türmen Menschen haufenweise vor mir auf, was sie für Abfall halten: eine geschrottete Beziehung, ihre Lieblosigkeit, Gemeinheiten im Umgang miteinander. Aber auch Schicksalsschläge und all die Widerwärtigkeiten, die das Leben für uns bereithält. Und ich komme mir vor wie ein Müllwerker – und das ist keineswegs despektierlich gemeint! Gemeinsam stochern wir dann in diesem Haufen herum und suchen nach »Wertstoffen«, die wieder verwendbar sind. Meistens werden wir fündig:

Da stößt man auf die Goldader einer gescheiterten Ehe, Spuren-Elemente der Liebe. Sie hat damals unser Leben verwandelt. Ein hochkarätiges Geschenk. Diese Kostbarkeit sollte nicht einfach in der Enttäuschung und im Schmerz der Trennung verloren gehen.

Da hat einem der Tod eines lieben Menschen das Bild des angeblich so gütigen Gottes verdüstert oder gar zerschlagen. Aber leben wir seitdem nicht viel bewusster, wissend um unsere eigene Sterblichkeit und dankbar für das Geschenk eines jeden neuen Tages? Vielleicht begegnen wir Gott nun neu und ganz anders. Als einem, der gibt und nimmt und es dennoch gut mit uns meint.

Immer wieder staune ich, dass Menschen sogar ihrer Krankheit eine tiefere Bedeutung abgewinnen können. Sie haben unter Schmerzen und schweren Einschränkungen ihr Leben neu gewichtet, sie achten nun mehr auf sich selbst und verstehen die leisen Signale ihrer Seele und ihres Körpers. Ihr Leben hat an Wert gewonnen, ist noch kostbarer geworden.

Eine Angestellte, die fast an den Folgen von Mobbing zerbrochen war, musste lernen, wehrhafter zu werden und sich abzugrenzen. Erstaunlich: Seitdem kann sie sich viel intensiver und verständnisvoller auf ihre Kolleginnen einlassen.

Solche Erfahrungen sind wertvoll, wir können sie wie Wertstoffe wieder verwenden und einbauen in die tragenden Säulen unseres Lebenshauses. Es wird dadurch an Stabilität gewinnen. Machen wir uns doch die Mühe, schmerzliche Ereignisse, ja sogar Schuld und Versagen gründlich abzuklopfen und das, was wir für Müll erachten, sorgfältig zu sortieren. Mit Hilfe anderer Menschen kann es gelingen, dieses »Material« aufzuarbeiten. Ganz im Sinne des Apostels Paulus, der uns rät: »*Prüft alles, das Gute behaltet*« (1. Thessalonicherbrief 5,21).

Zum Lachen

(Fastnacht / Fasching / Karneval)

Hat Jesus gelacht und Witze erzählt? Zuzutrauen ist ihm das. Wer die Herzen der Menschen so im Sturm erobert wie er, der spielt auch »scherzando« und nicht nur schwere und düstere Schicksalsmelodien. Nein – ich glaube nicht, dass Jesus zum Lachen in den Keller ging. Aber warum ist dann nichts überliefert? Vielleicht ging es den Evangelisten wie mir: Ich kann mir einfach keine Witze merken!

Vor Jahrzehnten haben wir uns in der Jugendarbeit über ein Neues Testament im »Jugendsprech« von damals amüsiert: »Jesus – der Juniorchef«. Die Storys würden heute ein wenig anders klingen, zum Beispiel so: »*Hey, Alter*«, spricht Jesus und meint Simon auf seinem Fischkutter, »*lass uns über'n Teich düsen und drüben in Kafarnaum ein wenig chillen. Levi hat WLAN und brüht immer noch den besten Espresso! Und auf der Rückfahrt schauen wir dann noch bei Maria in Magdala vorbei.*« »Geht klar, Boss«, antwortet der Skipper. Das »Schifflein Petri« verfügte heute natürlich über einen PS-starken Außenborder und GPS. Der Käpt'n gibt die Koordinaten ein, wirft die Maschine an und schon geht's ab. Doch über Twitter hatte sich die Kunde von der lustigen Seefahrt schnell herumgesprochen. In Kafarnaum angekommen, wird Jesus mit seiner Crew bereits von einer großen Community erwartet. War nix mit Chillen.

Wenn das Evangelium frohe Botschaft ist, dann klingt sie am besten auf dem Resonanzboden der Freude und des Humors. Christinnen und Christen sind keine Jammerlappen und keine Kinder von Traurigkeit, auch wenn's im Leben manchmal wenig zu lachen gibt. Das sei Satan zu verdanken, meint Martin Luther. Denn der sei »der Geist der Traurigkeit«, Gott aber »der Geist der Freude«.

Er hat recht: Wer bei allem Unrecht in dieser Welt an eine letzte Gerechtigkeit glauben kann, der hat doch Grund zum Lachen. Trotz Not und Gewalt, Entwürdigung und Unterdrückung feierten einst die afrikanischen Sklaven in Amerika überschwänglich vor Freude ihren Glauben. Ihre spirituellen Lieder reißen uns heute noch mit und beflügeln unsere Kleingläubigkeit.

Oder: Wie soll man tod-ernst bleiben, wenn wir Christen nach dem Tod auf ein neues Leben hoffen dürfen, ohne Tränen und Leid? In der frühen Kirche quittierten die Gläubigen diese Hoffnung mit schallendem »Oster-Gelächter«.

In der schon erwähnten Jugendbibel verabschiedet sich Jesus nach seiner Auferstehung mit den Worten: »*Werft eure Angst weg, Jungs! Ab heute seid ihr neue Menschen! Ich muss jetzt fort. Wir sehen und hören uns. Tschüss und bis bald!*«

Streicheleinheiten

Die S-Bahn heute früh wieder ein einziger »Streichelzoo«. Fast alle Fahrgäste wischen mit den Fingern über die Displays ihrer Smartphones. Vermutlich haben die Lieben zu Hause vorher beim Abschied nicht einmal annähernd so viele Streicheleinheiten abbekommen wie dieses winzige Ding.

Auch eine junge Mutter starrt wie gebannt auf ihr Display und postet irgendwelche Nachrichten in den Äther. Im Buggy ihr gegenüber sitzt ihr kleiner Junge und sucht schon seit Minuten Blickkontakt zu seiner Mutter – vergebens. Erst als das Kind erbärmlich zu weinen beginnt, packt die Frau das Wisch-Phone weg und streichelt die tränennassen Wangen des Kleinen, der sich allmählich beruhigt. Denn nun ist ja die Mama aus der anderen Welt zurückgekehrt und endlich wieder für ihn da.

Das menschliche Antlitz verrät mehr als ein elektronisches Display. Es ist voller versteckter Botschaften. In ihm spiegeln sich Freude und Glück, aber auch Enttäuschungen und Verhärtungen. In manchen Gesichtern hat sich die Bitterkeit des Lebens in tiefe Sorgenfalten eingegraben. Wie schön ist es dann, wenn sich plötzlich ein finsteres oder gar hassverzerrtes Gesicht erhellt, aufheitert, wie wir sagen, und uns ein Lächeln schenkt.

»Ich danke Gott und freue mich
Wie's Kind zur Weihnachtsgabe,
Dass ich bin, bin! Und dass ich dich,
Schön menschlich Antlitz habe.«

So besingt der Dichter Matthias Claudius das geliebte Antlitz seiner Frau.

Wir würden viel über das Geheimnis des Lebens erfahren, wenn wir – statt wie verrückt im Web zu surfen – in den Gesichtern der Menschen läsen.

Mehr noch: Das Antlitz eines Menschen ist ein »Touchscreen« der ganz anderen Art, mit einer hochsensiblen »Benutzer-Oberfläche«. Man kann – wie diese Mutter es in der S-Bahn schließlich tat – Wangen streicheln, Tränen trocknen, trösten und aufmuntern. Man kann den Geplagten die Sorgenfalten aus der Stirn streichen, mit Zärtlichkeit ein Lächeln entlocken.

Vielleicht könnten wir heute einmal aufmerksam im Gesicht eines Menschen lesen, seine versteckten Botschaften wahrnehmen und sogar ein Gespräch versuchen.

Uns allen aber wünsche ich, dass uns Gott – wie es in der Bibel heißt – sein Angesicht zuwende und uns gnädig sei.

*»Eine Kirche, die nicht dient,
dient zu nichts«*

(Bischof Jacques Gaillot)

Anrüchig

Viele von ihnen erkennt man gleich auf den ersten Blick – die Frauen und Männer im geistlichen Beruf. Einige kommen im Ordensgewand daher, andere im gedecktem Anzug, mit Kleriker-Kragen und einem Silberkreuz am Revers. Das reicht nicht! Papst Franziskus fordert ein ganz anderes, etwas anrüchiges Erkennungszeichen: Seelsorgerinnen und Seelsorger müssen *den Geruch der Schafe* an sich tragen (»Evangelii gaudium« 24).

Nun gut – praktische Seelsorge riecht manchmal etwas streng. Ich habe immer noch den Metallstaub und den Ölgeruch aus der Maschinenfabrik in der Nase, in der ich einmal gearbeitet habe. Nichts im Vergleich zu widerlichen Alkoholfahnen, die mir manchmal entgegenwehen, oder zum abgestandenen Mief in heruntergekommenen Mietskasernen und dunklen Spelunken. Auch Obdachlose duften nicht gerade nach Veilchen. Aber müssen wir diesen Geruch wirklich in den Kleidern tragen?

Klar, was der Papst damit meint. Er setzt dieses Bild in Beziehung zum »Guten Hirten« in der Bibel. Seelsorge bedeutet, Menschen in ihren Nöten nahezukommen, sich so um sie zu kümmern, wie ein Hirte sich um seine Herde kümmert. So weit, so gut. Ärgerlich nur, dass in der Erzählung im Lukasevangelium (15,1–7) der Schäfer seine Herde verlässt, um einem einzigen Schaf nachzusteigen, das sich

irgendwo verlaufen und möglicherweise im Gestrüpp verheddert hat. Ob das gut geht? Und überhaupt: Ist der »sture
Bock« nicht selber an seinem Unglück schuld? Was, wenn
nun die ganze Herde verloren geht, weil ein hungriger Wolf
vorbeikommt? Aller betriebswirtschaftlichen Logik zum
Trotz riskiert der Hirte selbst Kopf und Kragen.

Die Story gipfelt zum Schluss noch darin, dass der Schäfer aus Freude über das gerettete Tier auch noch mit seinen
Kumpeln eine große Fete veranstaltet. Das war keine angenehme Musik in den Ohren der Pharisäer und Schriftge-
lehrten, die sich für Gottes lammfromme Herde hielten.
Ein einziger Abweichler erfährt mehr Zuwendung als »99
Gerechte«. Diese Vorliebe Jesu spiegelt sich kaum in modernen Pastoralplänen!

Überhaupt: Die immer größeren Seelsorgeeinheiten
machen viele Pfarrer eher zu »Hüte-Managern« als zu guten Hirten. Elegant gewandet und hoch technisiert schal-
ten und walten sie – stets den Bildschirm vor Augen und
das Handy am Ohr – in ihren Zentralen, abgeschirmt und
geruchsneutral. Und am Sonntag duften sie in langen litur-
gischen Gewändern erst recht nicht nach ihrer Herde, sondern eher nach Weihrauch.

Auch ich muss mich als Priester immer wieder fragen:
Teile ich die Not eines Kranken, eines Sterbenden? Halte
ich den Schmerz trauernder Menschen aus oder die Zerris-
senheit derer, die sich trennen? Bin ich Armen und Arbeitslosen nahe genug? Wie gehe ich mit einem Obdachlosen, einem Alkoholkranken um – auf der Straße und im
Pfarrbüro? Steige ich einem Zweifelnden nach, der mich
und meinen Glauben hinterfragt?

Schnuppern Sie mal an Ihren Hirten! Ein noch so schön gestalteter Gottesdienst, liturgisch korrekt und perfekt durchgestylt, bleibt blutleer, wenn er nicht durchdrungen ist vom Leid und Glück der Menschen. Und eine noch so fulminante Predigt wird zur Sprechblase, wenn sie nicht festmacht an dem, was die Menschen heute ängstigt und bewegt.

»Gute Hirten« sind wir dann, wenn wir wie Jesus von uns sagen könnten: »*Ich kenne die Meinen, und die Meinen kennen mich*« (Johannes 10,14).

Missbrauch

Es ist kein gutes Gefühl, einer Berufsgruppe anzugehören, die negative Schlagzeilen macht. Über 5 % der Priester und Ordensleute haben in den letzten Jahrzehnten Kinder und Jugendliche sexuell missbraucht. Manchmal fühle ich mich auf der Straße, bei Begegnungen, ja selbst im Gottesdienst wie von Röntgenaugen durchbohrt: Bist du auch einer von denen? Bei vielen gerät man unter Generalverdacht, das tut weh!

Keiner von uns Klerikern, der nicht schwer an den Folgen der Missbrauchsskandale zu leiden hat. Die Verkündigung des Evangeliums ruht ja ausschließlich auf dem Grundpfeiler des Vertrauens. Glaube lebt von der Glaubwürdigkeit dessen, der ihn wecken und vermitteln will. Wehe, wenn diese Plattform ins Wanken gerät. Nur wenn Wort und Tat übereinstimmen, können wir als Priester und Ordensleute Zeugnis geben von der *»Güte und Menschenfreundlichkeit unseres Gottes«*, die uns in Jesus Christus erschienen ist. So schreibt der Apostel Paulus an seinen Schüler Titus (Titusbrief 3,4).

Ich bin dankbar, dass mir trotz dieser Skandale so viele Menschen ihr Vertrauen schenken. Dass ich sogar im kirchenfernen Raum gefragt bin – bei Betriebsversammlungen, Kundgebungen und Veranstaltungen. Ich bin dankbar, dass ein Sterbender ein Gebet erbittet und eine Kranke nach meiner Hand greift. Dass Trauernde bei mir Trost und junge Menschen Rat suchen. Ich danke jenen Eltern, die sich freuen, wenn ich ihre Kinder herze und umarme.

Nehmen Sie uns Priester in Ihre Mitte, so bitte ich christliche Gemeinden und alle Menschen guten Willens. Auch wir sind Menschen und Sünder – wie alle. Auch in uns schlägt ein Herz voller Sehnsucht, angenommen, geborgen und geliebt zu sein.

Darum muss die Kirche endlich ihre Haltung zur Sexualität entkrampfen, sie als Geschenk Gottes neu erschließen und auch ihren geweihten Amtsträgern zugestehen, sie in Ehe und Partnerschaft zu leben.

Meiner Kaste aber schreibe ich in aller Deutlichkeit ins Stammbuch: Schluss mit aller Überheblichkeit und dieser unsäglichen Pfarr-Herrlichkeit. Missbrauch beginnt im Amtsmissbrauch. Denn wir sind, so mahnt uns der Apostel Paulus, »*nicht Herren des Glaubens, sondern Diener eurer Freude*« (vgl. 2. Korintherbrief 1,24).

Gewalt gegen Frauen

Erschütternde Zahlen, die vor Kurzem bekannt geworden sind: 110.000 Frauen wurden innerhalb eines einzigen Jahres Gewalt angetan. Jeden dritten Tag wird in Deutschland eine Frau von ihrem Partner oder Ex-Partner umgebracht. Sich von gewalttätigen Männern zu trennen, ist für Frauen manchmal lebensgefährlich.

Warum schlagen Männer zu? Manche haben in ihrer Kindheit vielleicht selbst Gewalt erlitten. Anderen fehlen ganz einfach die Worte, und schon sprechen die Fäuste. Männer fühlen sich tödlich gekränkt, wenn eine Beziehung zerbricht oder Rivalen ins Spiel kommen. Dann wird abgerechnet – im Nu eskaliert ein solcher Konflikt. Ja – das angeblich so starke Geschlecht fühlt sich manchmal so schwach, dass man Macht nur noch mit Gewalt demonstrieren kann.

Gewalt tut weh. Sie verletzt nicht nur den Körper, sondern auch die Seele, denn Gewalt demütigt und erniedrigt den andern.

Auch die Bibel kennt Gewalt gegen Frauen. Im Patriarchat hatten die nichts zu lachen. Sie waren Eigentum des Mannes, Produktionsmittel sozusagen. Jesus, obwohl selbst Jude, räumt mit dieser Missachtung der Frauen gründlich auf. Er hatte Frauen in seinem Gefolge und durchbrach ihretwegen oft alle rabbinischen Tabus. Denn einem Rabbi war verboten, mit Frauen in der Öffentlichkeit zu sprechen. Schon gar nicht, wenn sie »ihre Tage haben« und daher »unrein« sind. Er lässt sich von ihnen berühren und seine Füße salben. Einmal unterbricht er sogar die heilige Sabbat-Liturgie in der Synagoge, weil er eine von Schmerz gekrümmte Frau entdeckt. Er ruft sie in die Mitte und legt ihr die Hände auf. »*Und sie richtete sich auf und pries Gott*«, erzählt der Evangelist Lukas (13,10–17, hier 13).

Als ihm ein anderes Mal die Frommen eine angeblich in flagranti erwischte Ehebrecherin anschleppen, rettet er sie vor der Steinigung, indem er die scheinheiligen Männer peinlich konfrontiert: »*Wer von euch ohne Sünde ist, werfe als Erster einen Stein auf sie*«. Und alle verkrümeln sich lautlos. Jesus aber spricht dieser Frau Mut zu (Johannesevangelium 8,1–11, hier 7).

Seine Botschaft ist eindeutig: Gewalt gegen Frauen – das geht gar nicht! Wer sich zu Christus bekennt, hat sich in seinem Namen schützend vor Frauen zu stellen und sich einzusetzen für ihre Rechte und ihre Würde.

So betrachtet wäre die Kirche eigentlich die berufene Lobbyistin für die Frauen. Und das würde bedeuten, sie nicht nur gleich zu behandeln wie die Männer, sondern sie vielmehr zu achten und zu ehren und sie auch zu allen Weiheämtern zuzulassen.

Brennen für die Armen

(Fest des hl. Laurentius – 10. August)

Dieser Heilige hat mich schon als Kind »brennend« interessiert – heute ist sein Gedenktag: Laurentius von Rom. Er wurde lebendigen Leibes geröstet und bat noch die Feuerteufel, ihn zu drehen, denn auf der einen Seite sei er schon gar. Nun – das ist sicher fromme Legende.

Laurentius war im dritten Jahrhundert nach Christus als Diakon in Rom in der Armenfürsorge tätig und hat als »Kirchenpfleger« das Vermögen der Gemeinde verwaltet. In dieser Zeit tobte unter Kaiser Valerian eine dramatische Christenverfolgung, in der sogar der damalige Papst Sixtus II. hingerichtet wurde. Nun forderte der Kaiser von Laurentius das Kirchenvermögen. Der weigerte sich, wurde gefoltert und bat um drei Tage Bedenkzeit. Sofort verteilte er den gesamten Kirchenschatz an die Armen der Stadt. Gemeinsam mit ihnen trat er dann vor den Kaiser mit den Worten: »*Hier, mein Kaiser, das sind die wahren Schätze der Kirche.*« Valerian – außer sich vor Zorn – ließ Laurentius, den Diakon der Armen, auf einem glühenden Rost zu Tode quälen.

Die Armen – die »*wahren Schätze der Kirche*«? Wo kommen sie denn heute in unseren Kirchen vor? Als Bettler an der Pfarrhaustür, als »Klienten« bei Beratungsstel-

121

len, als Hilfsbedürftige bei den caritativen Organisationen, als Gäste in Wärmestuben und Vesperkirchen – gewiss. Aber nehmen wir sie wirklich als »Schätze« wahr, als wertvolle Menschen oder nur als Betreuungsobjekte?

Wer – warum auch immer – arm geworden ist, bei dem wurde viel an innerem Reichtum verschüttet. Da liegen unter den Trümmern wertvolle Potentiale an Phantasie und Kreativität, an Fleiß und Können, an Lebensweisheit und Wissen und natürlich jede Menge enttäuschte oder verloren gegangene Liebe. Im Umgang mit armen Menschen erfahre ich immer wieder, dass etwas davon zu leuchten und zu strahlen beginnt. So viele Schätze liegen hier verborgen. Sie sind nur dann zu heben, wenn wir uns den Armen zuwenden, ihre Armut und Not überwinden helfen, so dass sich ihr Blick weitet und nicht mehr nur auf das nackte Überleben gerichtet bleibt.

Mit den Armen von heute müssten wir Kirchenleute hin zum Kaiser. Die Politik muss auf allen Ebenen der Armut ins Angesicht blicken. In unserem reichen Land leben 13 % der Menschen in Armut, weitere 13 % sind akut von ihr bedroht.

Laurentius mahnt uns alle, uns »brennend«, mit Leidenschaft und Liebe der Armen anzunehmen und einzutreten für ihre Rechte und ihre Würde.

Die Pflege liegt am Boden

Damit hatten die Gottesdienstteilnehmer*innen am Sonntag nicht gerechnet. Als sie die Kirche verlassen, liegen auf dem Kirchplatz weiß gewandete Gestalten in Ärztekitteln und Schwesternschürzen auf dem Pflaster. »Die Pflege liegt am Boden«, ist auf Plakaten der Katholischen Arbeitnehmerbewegung zu lesen.

Was hat sie denn umgehauen? Nun – seitdem das Gesundheitswesen privatwirtschaftlich betrieben wird und sich möglichst mit Gewinn rechnen soll, werden Stellenpläne ausgedünnt und Personal eingespart. Immer mehr Arbeitslast verteilt sich auf immer weniger Schultern. Eine zweite Diagnose – nicht weniger hammermäßig – kommt noch hinzu: Die vorhandenen Stellen können nicht einmal besetzt werden, es fehlen qualifizierte Fachkräfte. Denn die Pflegeberufe sind einfach nicht attraktiv!

Das alles bleibt nicht ohne Folgen – für die Pflegenden ebenso wie für die Pflegebedürftigen! Schon kam es zu ersten Arbeitsniederlegungen. Man höre und staune – nicht für mehr Geld, sondern für mehr Personal!

Viele Pflegekräfte schreiben in höchster Not Überlastungsanzeigen, meistens vergeblich! Hektisch huschen in den Kliniken die Schwestern über die Flure. In Altenheimen wird gewindelt, statt beim Klogang behilflich zu sein. Was alte und kranke Menschen am dringendsten bräuchten, wird ihnen vorenthalten, nämlich Zeit und Zuwendung. Denn Krankheit ist Krise und Alter eine Herausforderung. Beides verlangt nicht nur eine helfende Hand, sondern auch ein offenes Ohr und ein mitfühlendes Herz. *»Was willst du, dass ich dir tun soll?«*, fragt Jesus seine Patienten (vgl. Lukasevangelium 18,41) und lupft ihnen die Zunge, bringt sie zum Sprechen. Damit beginnt der Heilungsprozess.

Nun ist die Pflege selbst zum »Pflegefall« geworden. Was empfehlen die Therapeuten? Mehr Pflegepersonal, und das bedeutet: Mehr Geld ins System! Zum andern aber müssen die Pflegeberufe endlich aufgewertet und attraktiver werden. Pflegearbeit ist kostbarer als Arbeit mit Material und Maschinen. Das muss sich auch in den Gehaltstabellen, in der Entlohnung widerspiegeln. Die dritte und wichtigste Hausaufgabe für alle ist es, junge Menschen für die Pflegeberufe zu gewinnen und zu begeistern.

Allerdings – die beste Pflege kann nicht ersetzen, was nur Angehörige und Freunde alten und kranken Menschen schenken können: Mitgefühl, Aufmerksamkeit und Dankbarkeit. Wie wär's mit einem Besuch am nächsten Wochenende?

*»Wir sind noch nicht
im Festsaal angelangt,
aber wir sehen schon die Lichter
und hören die Musik«*

(Ernesto Cardenal)

Sind Christen Revolutionäre?

Sind Christen Revolutionäre? – Ich habe einmal nachgefragt bei einem, der es wissen müsste. Wenn ich jetzt seinen Namen nenne, werden manche regelrecht zusammenzucken: Rudi Dutschke.

Die Älteren erinnern sich noch an den »roten Rudi«, den führenden Kopf der Studentenbewegung in den achtundsechziger Jahren des letzten Jahrhunderts – für viele Zeitgenossen damals ein Aufrührer, ein Wirrkopf und Bürgerschreck, eine Hassfigur!

Im April 1968 schoss in Berlin ein junger Hilfsarbeiter mit dem Ruf »Du dreckiges Kommunistenschwein« dreimal auf Rudi Dutschke. Er überlebte schwer verletzt, starb aber an Heiligabend 1979 an den Spätfolgen des Attentats.

In seinem Tagebuch findet sich zu Ostern 1963 diese Notiz: *»Jesus ist auferstanden, Freude und Dankbarkeit sind die Begleiter dieses Tages. Die entscheidende Revolution der Weltgeschichte ist geschehen, die Revolution der Welt durch die alles überwindende Liebe.«*

Mich berührt der tiefe Glaube dieses Menschen an die Macht der Auferstehung Jesu. Eigenen Angaben zufolge verdankt Rudi Dutschke seine »religiös sozialistische Grundprägung« der Evangelischen jungen Gemeinde in Luckenwalde, in der er groß geworden war. Da muss in ihm die Überzeugung gewachsen sein: Liebe ist stärker als der Tod. In der »*alles überwindenden Liebe*«, wie sie Jesus Christus gelebt hat, sieht Rudi Dutschke die eigentliche Revolution, die Umkehr der bestehenden Machtverhältnisse. Seine Schlussfolgerung: Nähmen die Menschen diese Liebe voll für sich an, so heißt es in seinem Tagebuch, »*dann könnte die Wirklichkeit des Wahnsinns nicht mehr weiterbestehen.*«

Die Wirklichkeit des Wahnsinns erfahren wir Tag für Tag: Wahnsinn, dass Menschen sich fertigmachen im täglichen Umgang miteinander. Das Netz quillt über von schamlosen »Shitstorms« gegen Andersdenkende, es strotzt vor anonymen Beleidigungen und Morddrohungen. Schon Schülerinnen und Schüler stellen einander über Cyber-Mobbing an den Pranger. Am Arbeitsplatz bedienen sich viele ausgebuffter Strategien, um Kolleginnen und Kollegen so zu zermürben, bis sie zusammenbrechen oder das Unternehmen »freiwillig« verlassen.

Wahnsinn aber auch, dass sich die Völker bis an die Zähne bewaffnen, sich bedrohen und bekriegen. Dass ein dumpfer Nationalismus die Menschheit noch mehr spaltet und die Völkerverständigung erschwert. Wahnsinn in Potenz, dass gewaltbereite Fanatiker auch noch die Religion für Hass und Terror missbrauchen. All dieser Wahnsinn kann – Rudi Dutschke zufolge – nur durch die Liebe überwunden werden.

Würden Christinnen und Christen ihren Glauben wirklich leben – sie wären die wirklichen »Revolutionäre«. Denn sie krempeln die Welt um durch die Liebe. Wer glaubt, dass er nach dem Tode aufersteht zum Leben, der glaubt schon an das Leben hier und heute. Und wo dieses in Gefahr ist, probt er sozusagen den »Aufstand«: Er steht auf für das Leben.

Schließen Sie sich bitte noch heute den »Aufständischen« an! Sie werden erleben: Schon ein freundlicher Gruß kann ein Lächeln ins Gesicht eines mürrischen Zeitgenossen zaubern. Der geht dann den Tag gleich ganz anders an. Lassen Sie einen trauernden oder resignierten Menschen spüren, dass Sie mitfühlen und Anteil nehmen. Das wird ihn trösten. Und wo uns der blanke Hass ins Gesicht schlägt, heißt es, ihm entschlossen entgegenzutreten.

Das ist die Revolution der Liebe, der Aufstand gegen den Tod.

Christus lebt in unserer Schwachheit

(Karfreitag / Ostern)

Ostergottesdienst in der Betriebsseelsorge: Erwartungsvoll lauschen die Gäste zu Beginn der leisen, besinnlichen Musik. Da steht plötzlich einer auf, hebt die schwere irdene Vase in die Höhe und zerschmettert sie am Boden. Sie zerspringt unter ohrenbetäubendem Krach in tausend Stücke. Den Leuten fuhr der Schreck in die Glieder. Symbol dafür, was den Jüngerinnen und Jüngern Jesu am Karfreitag zersprungen war: Die Vision vom »Reich Gottes«, verkörpert durch diesen Jesus von Nazaret, auf den sie sich mit Haut und Haaren eingelassen hatten. Der hängt jetzt am Kreuz. War das alles nur ein frommer Trug? Aus Angst um das eigene Leben, aber auch aus kolossaler Enttäuschung heraus blieb fast die ganze Gefolgschaft Jesu seiner Hinrichtung fern.

Im Ostergottesdienst luden wir nun die erschreckte Gemeinde ein, eine Scherbe vom Boden aufzuheben und sie mit den Bruchstücken des eigenen Lebens zu beschriften: Krankheit und Tod, Trennung und Arbeitslosigkeit, Mobbing und Überforderung war da zu lesen. Niemand, in dessen Leben nicht auch wertvolles »Porzellan« zerschlagen worden wäre. Gleicht nicht manchmal unser Leben einem einzigen Scherbenhaufen zerschlagener Erwartungen, enttäuschter Hoffnungen und unerfüllter Träume?

Das mühsamste Stück Arbeit stand uns erst noch bevor, nämlich die Scherben mit Hilfe eines Fliesenklebers zusammenzufügen und so der zerbrochenen Vase wieder Form und Gestalt zu geben. Ein kümmerlicher Versuch! Immerhin – es entstand ein Gefäß, das den bunten Osterstrauß aufnehmen konnte, das Symbol für den Auferstandenen. Er, der selbst in seiner irdischen Gestalt zerbrochen wurde, begibt sich hinein in die Bruchstücke unseres Lebens.

Ostern wischt unsere Verletzungen nicht einfach weg. Wer krank ist, wird nach Ostern nicht plötzlich gesund. Wem man die Arbeit aus der Hand geschlagen hat, bekommt sie nicht einfach wieder. Eine zerbrochene Beziehung heilt auch am Fest der Auferstehung nicht einfach von alleine. Wenn wir aber einander die Bruchstücke unseres Lebens hinhalten und sie zusammenfügen, werden sie zum Gefäß, in dem – auch wenn die Bruchlinien noch deutlich zu erkennen sind – die Hoffnung blüht.

Möge dieser Osterglaube in uns lebendig bleiben, beten wir am Ende dieser Feier. Der Auferstandene lebt inmitten unserer Gebrochenheit, unserer Halbheiten und Schwächen. Wenn er lebt, so hoffen wir, reißt er auch uns mit in ein neues, ewiges Leben bei Gott.

»Sie haben Ihren Bestimmungsort erreicht«

(Ostern)

»*Sie haben Ihren Bestimmungsort erreicht …*«, verkündet nach einer langen, anstrengenden Autofahrt Lisa, die freundliche Navigatorin.

Ob wir wohl im Augenblick unseres Todes so was Ähnliches zu hören bekommen? »*Sie haben Ihren Bestimmungsort erreicht*«. Wir sehen schon von Weitem die Lichter und hören die Musik, so stelle ich mir das vor. Also steigen wir aus und treten ein in den himmlischen Festsaal. Viele Freundinnen und Freunde werden uns begeistert empfangen: »Wir haben lange auf dich gewartet, schön, dass du nun da bist.«

Die Christen feiern heute Ostern, die Auferweckung Jesu vom Tode. Glaubende verbinden mit den Ereignissen damals in Jerusalem die Hoffnung, dass dieser Christus auch uns einmal hineinnimmt in seine Auferstehung. Wer mit ihm solidarisch durch Leben, Leiden und Sterben hindurchgegangen ist, den wird der Auferstandene doch im Tod nicht einfach hängen lassen.

Aber ist das nicht doch nur eine fromme Mär? Jagen wir vielleicht einem Phantom nach? Sollten wir uns nicht einfach im Tode eingestehen: »Aus die Maus!« Mit diesen

131

Worten überschrieb ein Sarkast die Todesanzeige für seinen verstorbenen Freund. Hat er recht? Dann also Deckel drauf und tschüss – das war's dann wohl …

Die Gefolgschaft Jesu macht offensichtlich nach der Kreuzigung auf Golgota andere Erfahrungen, so berichten die Evangelien: Jesus lebt, plötzlich ist er da, tritt in ihre Mitte, spricht den Zweifelnden Mut zu, lässt sich berühren, isst und trinkt mit ihnen. Aus dem Unglauben brechen die Jüngerinnen und Jünger durch zum Osterglauben, und der ist auch für unseren Glauben die einzige Stütze.

Wer an die Liebe glaubt, dem kann Auferstehung so fremd nicht sein. Als fiele ein Lichtstrahl durch einen Spalt, verrät die Liebe schon etwas von einer anderen, geheimnisvollen Welt jenseits der Tür. Gott ist Liebe, sagt die Bibel. Und wer liebt, der ist und bleibt in Gott. Liebe bis zur Hingabe – die hat Jesus gelebt wie kein anderer. So könnte doch auch für uns die Liebe die Brücke sein vom Tode hinüber zum Leben.

Ich verbinde mit Ostern die Hoffnung: Wenn wir in das GPS unseres Lebens die Koordinaten der Liebe einprogrammieren und konsequent diesen Kurs beibehalten, dann werden wir auf dem Leitstrahl der Liebe durch alle Turbulenzen hindurch bei Gott ankommen: *»Sie haben Ihren Bestimmungsort erreicht …«*

»Meine lieben Sterblichen«

(Allerseelen – 2. November)

Der Allerseelen-Tag kommt, soweit er überhaupt wahrgenommen wird, etwas trist und melancholisch daher. Die dunkle Jahreszeit in unseren Breitengraden, der erste Raureif über den Dächern, die Gräberbesuche gestern an Allerheiligen – das alles konfrontiert uns mit Tod und Vergänglichkeit. Das vermag auch der importierte Mummenschanz um »Halloween« nicht zu überspielen.

75 % der bundesdeutschen Bevölkerung wünschen sich am Ende ihrer Tage einen Sekundentod. Einfach zur Erde sinken wie ein fallendes Blatt, das sich mit einem leisen Knacken vom Baume löst. Aber nur etwa 5 % sterben tatsächlich diesen Tod. Mehrheitlich werden wir uns eher auf ein längeres und schmerzhaftes Abschiednehmen einzustellen haben.

Kann man sich denn mental auf seinen Tod vorbereiten? Ein Beter aus dem Alten Testament der Bibel bittet Gott: »*Herr, lehre uns bedenken, dass wir sterben müssen, auf dass wir klug werden*« (Psalm 90,12). Demzufolge wäre es ausgesprochen dumm, den Tod aus seinem Leben zu verdrängen.

Ich habe vor Kurzem einen Freund und Wegbegleiter verloren. Verloren? In seinem Nachlass fanden sich die

Sätze: »*Ich verabschiede mich in Zärtlichkeit von euch allen, aber ich hoffe, dass wir uns weiterhin nahe bleiben können. Ich bin sehr neugierig, wie es nun mit mir weitergeht, und ob meine Vorfreude auf ein neues Leben berechtigt war ...*« Aus diesen Worten schwingt eine leise Melodie. Sie singt von der Sehnsucht nach Unsterblichkeit, nach einem neuen, anderen Leben. Christinnen und Christen verbinden diese Hoffnung mit Ostern, mit der Auferstehung Jesu vom Tode. Auch an Allerseelen feiern wir Ostern, wenn in den Gottesdiensten der Toten gedacht und für sie Kerzen entzündet werden.

»*Meine lieben Sterblichen*« – mit dieser seltsamen Anrede hat eines Abends der unvergessene Hanns Dieter Hüsch, Humorist, Kabarettist und seines Zeichens Christ, sein Publikum begrüßt. In den Reihen wurde es mucksmäuschenstill! Hüsch fuhr fort, das sei nicht traurig, bitter oder gar aggressiv gemeint. Wörtlich: »*Die Gewissheit, dass wir sterblich sind, könne uns vielleicht auch freundlich und heiter stimmen.*« Diese unscheinbare Bemerkung bedeutet für mich ein Bekenntnis. Da glaubt einer daran, dass wir an der Mauer des Todes nicht zerschellen, sondern durchbrechen in ein neues Leben.

Vielleicht gelingt es uns, den heutigen Tag – er ist der erste vom Rest unseres Lebens – in diesem Sinne »freundlich und heiter« anzunehmen.

Vielleicht hält uns eine große Hand

Als Seelsorger steht man mit dem Tod ständig auf Du und Du. Es gibt liebenswürdigere Bekanntschaften! Manchmal wünsche ich den Gevatter am liebsten zum Teufel, wenn er wieder einmal ein Kind oder einen jungen Menschen um sein Leben betrügt. In wessen Namen und Auftrag schwingt der eigentlich seine Sense?

Ein anderes Mal erwarte auch ich ihn am Bett eines Schwerstkranken wie einen Erlöser. Die Qualen sind für die Angehörigen kaum mehr auszuhalten, vom Sterbenden ganz zu schweigen, sofern er noch bei Sinnen ist. In diesem Fall reden wir dann gerne vom »gnädigen Tod«.

Egal, wie er daherkommt: Immer soll man als Pfarrer am Grab auch noch die richtigen Worte finden. Trostworte, die den Erschütterten und Alleingelassenen gut tun. Hoffnungsworte, die aus dem Glauben an Jesus Christus schöpfen. Seine Botschaft: Der Tod hat nicht das letzte Wort. Sein Sensenhieb ist vielmehr ein Befreiungsschlag – hinein in ein Leben bei Gott, das nie mehr erlischt. So hat die Gefolgschaft Jesu seinen Tod in Jerusalem erfahren: als Auferstehung zum Leben. Das glauben und feiern wir in unseren christlichen Gemeinden.

Die Hoffnung auf ein neues, ewiges Leben ist eine Zumutung. Ich selbst brauche für meinen Osterglauben den Rückhalt einer Gemeinde, die Sonntag für Sonntag die

Auferstehung Jesu feiert. Und Menschen um mich herum, die sich nicht einfach abfinden wollen mit der Banalität des Todes. Wenn mich selbst wieder einmal Zweifel beschleichen, bin ich für das Gespräch mit Freundinnen und Freunden dankbar. Für alle, die mit mir tastend danach suchen, was sich möglicherweise hinter der Mauer des Todes verbirgt.

Vor Kurzem bin ich unvermutet auf einen Tröster gestoßen, mit dem ich nicht gerechnet habe, den verstorbenen Schriftsteller Peter Härtling. Er sagte von sich, der ganze Kinderglaube um Himmel und Hölle sei ihm zwar abhandengekommen. *»Aber ich glaube«*, so schreibt er, *»dass man nach dem letzten Akt in irgendeiner Weise aufgefangen wird, aufgehoben sein wird ... Vielleicht ist es eine große Hand, in die ich falle ...«*

Uns alle hat der Tod seit unserer Geburt auf seiner Agenda. Vielleicht stehen wir schon zeitnah in seinem Terminkalender. Auch wenn wir uns schwertun mit der »Auferstehung der Toten« – bewahren wir uns als Todgeweihte wenigstens dieses »Vielleicht« von Peter Härtling: Vielleicht ist da doch eine große Hand, in die wir fallen.

Mit Paul Schobel im Gespräch

- *Seit über 30 Jahren hört man – einst schon im »Süddeutschen Rundfunk« und nun im SWR – die vertraute Stimme von »Betriebsseelsorger Paul Schobel«. Wie kam es denn dazu?*

Der damaligen Redakteurin von »Kirche und Gesellschaft«, Hildegard Lüning, war 1972 der Kampf um meine Ernennung zum »Industriepfarrer« in Böblingen nicht verborgen geblieben. Sie verfolgte die Anfänge der Betriebsseelsorge sehr genau und holte mich schon Mitte der 1970er Jahre immer mal wieder vors Mikrophon. Nebenbei bemerkte sie, in den kirchlichen »Verkündigungssendungen« sei die Arbeitswelt ein Fremdwort. So wurde ich schon sehr früh zu einem der Sprecher für das damalige »Wort in den Tag«. Eine Zeitlang sogar live am frühen Morgen im Studio. Ein Format, das jedoch bald wieder aufgegeben wurde. Als 1998 der »Südwestfunk« mit dem »Süddeutschen Rundfunk« zum SWR fusionierte, waren kirchlicherseits zu viele Sprecher*innen an Bord. Ein vom SWR begleitetes fachliches »Ranking« halbierte die Truppe. Ich wurde gebeten, den Härtetest zu wagen. Denn ich sei der Einzige, der die Arbeitswelt von innen kenne. So bin ich dann dabeigeblieben.

- *Drei oder manchmal vier Wochen im Jahr hast du »Anstöße« und »Morgengedanken« vorbereitet, gesprochen und umfangreiche »Hörerpost« bearbeitet – und dies alles zusätzlich zu deiner eigentlichen Arbeit in der Betriebsseelsorge. Warum hast du dir das angetan, was willst du über die Welle transportieren?*

Es sind ja gerade die Berufstätigen, die morgens beim Aufstehen oder bei der Fahrt zur Arbeit zuhören. Die zu »erwischen«, lag mir besonders am Herzen. »Betriebsseelsorge« ist ja bis heute in weiten Teilen der Arbeitswelt immer noch unbekannt. Doch wichtiger als ein »Werbeblock« sind mir die Inhalte. Bis heute konfrontiere ich leidenschaftlich gerne die moderne Arbeitswelt mit der biblischen Botschaft. Um nur ein Beispiel zu nennen: Das berühmt-berüchtigte Gleichnis von den »Arbeitern im Weinberg« – antikapitalistisch bis zum Exzess! – bringt ja den gerechten Lohn und intakte Arbeitsbeziehungen mit dem »Reich Gottes« in Verbindung. Nicht weniger liegt mir daran, die Kernaussagen der »Katholischen Soziallehre« zu transportieren. Böse Zungen behaupten ja, sie sei das »bestgehütete Geheimnis« der Kirche, weil die sich zum Beispiel als große Arbeitgeberin selbst nicht daran orientiert.

- *Nun gut – aber wie macht man das in 2,45 Minuten? Denn auf dieses Format ist ja die »Verkündigungssendung« der Kirchen am Morgen zusammengeschrumpft.*

Ja – ständig mit dem Zeiger im Genick, das ist eine gewaltige Herausforderung! Geht es doch darum, ein Thema aus dem Leben herauszugreifen, um es dann in ein paar Sätzen überzeugend biblisch oder ethisch zu bewerten. Es ist ja nicht damit getan, schnell ein irgendwie passendes Bibelzitat anzuhängen oder einen Papst zu zitieren. Und schließlich muss man auf die Sekunde genau auf den Punkt kommen – manchmal mit einer politischen Provokation oder mit einem Wort des Trostes und der Ermutigung.

- *Deine Aussagen bleiben natürlich nicht unwidersprochen. Woran entzündet sich die Kritik am meisten?*
Den Frommen im Lande sind meine Beiträge nicht fromm genug! (»Die ganze Woche über war kein einziges Mal vom lieben Gott die Rede«.) Es handle sich um politische Kommentare, schreiben andere, und ich würde eine »Verkündigungssendung« zur Agitation missbrauchen. Die Kirche aber habe sich doch gefälligst aus der Politik rauszuhalten. Wage ich mich gar hinaus aufs Glatteis ökonomischer Fragen, liegen schnell die Nerven blank: »Sie haben doch keine Ahnung«, »Gewerkschaftsparolen«. Vor der Wende hätten mich viele gern des Platzes verwiesen und gemeint: »Geh doch nach drüben!«

Viele Hörer*innen wollen am frühen Morgen einfach nicht mit einem Problem konfrontiert werden, sondern erwarten Trost und Ermutigung. Das ist verständlich, und ich habe das durchaus im Blick. Aber die Bibel ist eben nicht nur ein Erbauungsbuch, sondern eine gewaltige Herausforderung. Das »Reich Gottes« beginnt hier und heute und fordert gerechte Strukturen und geschwisterlichen Umgang miteinander. Wir haben Sorge zu tragen für Gerechtigkeit, Frieden und die Bewahrung der Schöpfung. »Anstöße« – so nennt sich das Format bei SWR 1 – müssen anstoßen, werden daher oft »anstößig« und tun manchen unweigerlich weh.

- »*Erfolg ist keiner der Namen Gottes*«, *sagt Martin Buber. Dennoch die Frage: Lohnt sich denn all dieser Aufwand?*

Gewiss! Zwar ist Radio, wie die Fachleute sagen, ein »Nebenbei-Medium«. Dennoch: Es bleibt bei vielen Hörer*innen offenbar erstaunlich viel hängen. Zwei prall gefüllte Ordner mit Zuschriften sind ja nur ein Beleg dafür, dass »Anstöße« und »Morgengedanken« von zahlreichen Menschen gehört, bedacht und aufgegriffen werden. Die Telefonate und persönlichen Begegnungen gar nicht mitgerechnet, wo ich immer wieder aufs »Radio« angesprochen werde. Aus diesen Kontakten hat sich im Laufe der Jahre viel direkte Seelsorge entwickelt – oft mit Menschen, die an meinen Beiträgen zunächst Anstoß genommen hatten. Ich gehe in aller Regel auf jede Zuschrift ein, das weckt Verwunderung. Und so wächst bei vielen Hörer*innen der Wunsch, mich persönlich kennenzulernen. Im Gespräch öffnen sie sich und sind dankbar für eine seelsorgerliche Begleitung, die sich bei manchen schon über Jahre hin erstreckt.

Ebenso verdanke ich diesen Sendungen, dass ich im ganzen Land als Referent und Redner bei Kundgebungen angefragt werde – vor allem für soziale Themen und Probleme der Arbeitswelt. Dabei freut es mich am meisten, wenn ich bei Betriebsversammlungen sprechen kann, bei Betriebsrätekonferenzen und in der gewerkschaftlichen Bildungsarbeit. Immer wieder erfahre ich eher zufällig, dass einzelne meiner Radio-Beiträge am »Schwarzen Brett« eines Unternehmens aushängen, Betriebs- und Personalräte sie in ihren Reden verwenden oder in ihren Mitteilungen abdrucken.

- *Vielleicht hören die Menschen bei deinen Beiträgen besonders aufmerksam zu, weil sie die politische Brisanz der Bibel gar nicht kennen?*

Die wenigsten kennen die Parteilichkeit des Evangeliums, die »Option für die Schwachen«, die Jesus glaubwürdig gelebt und auch verkündet hat. Oder dass im »Alten Testament« einer der Namen Gottes »Gerechtigkeit« heißt. »Gerechtigkeitsdienst« steht bei den Propheten auf derselben Ebene wie »Gottesdienst«. Barmherzigkeit und Gerechtigkeit – zwei Seiten ein und derselben Medaille. Die tragen wir Betriebsseelsorger sozusagen um den Hals. Wir sind bei Entlassungen dabei, bei Betriebsschließungen und fast in allen Arbeitskämpfen. Wir versuchen aufzurichten und zu trösten, wenn Menschen in der Arbeitswelt ausbrennen oder sich gegenseitig fertigmachen.

Aber wir legen auch »sündige Strukturen« in Wirtschaft und Gesellschaft offen. Und wir tun dies nicht aus Jux und Tollerei, sondern auf dem Background der biblischen Botschaft. Denn der Gott der Juden, der auch der Gott der Christen ist, duldet keine Sklaverei. Er führt vielmehr hinaus in die Freiheit, in ein »gelobtes Land«. Jesus von Nazaret ist in seiner Menschwerdung selbst in die Rolle einer »Knechtsgestalt« hineingeschlüpft, um Knechtschaft zu brechen. Wer diese Botschaft heute verkündet und lebt, eckt an, provoziert die einen, verwundert und tröstet aber die andern. Das erfahre ich ausnahmslos und hautnah nach jeder Sende-Woche.

- *Ist man da aber als »Exot« nicht ziemlich allein?*

Ganz im Gegenteil! Ich fühle mich in dieser Verkündigung immer gestützt und getragen von meinen Kolleginnen und Kollegen in der Betriebsseelsorge, in der Katholischen Arbeitnehmerbewegung und in den Gewerkschaften. Die wissen sehr wohl um den historischen Skandal zu Beginn der Industrialisierung, als die Kirche die Industriearbeiterschaft, das Proletariat, nicht nur übersehen, sondern sogar verraten hat. Man hat denen, die sie am nötigsten gehabt hätten, die befreiende Botschaft Jesu vorenthalten. Was wir in der Betriebsseelsorge tun, ist auch Teil einer »Wiedergutmachung«.

Ich habe nach so vielen »Anstößen« und »Morgengedanken« Grund zu großer Dankbarkeit. All den Menschen gegenüber, die mir sozusagen den »Stoff« liefern, mich herausfordern, anregen und provozieren. Ich danke einer guten Freundin, die meine Texte vom ersten Federstrich an verfolgt, redigiert und korrigiert, wenn ich manchmal über das Ziel hinausschieße. Dank auch den Sprecherzieher*innen vom SWR, die mit mir einen manchmal beschwerlichen Weg zu gehen haben – nicht nur wegen des ausgeprägten schwäbischen Akzents! Ebenso aber danke ich den Kolleginnen und Kollegen der »Katholischen Rundfunkarbeit« und der Studio-Regie beim SWR. Nicht weniger aber auch all denen, die sich lobend oder kritisch zu Wort melden. Sie ersetzen ein wenig jenes »Feeling«, das man sonst bei Predigten und Reden »live« erfährt.

Und ich verbinde meine Dankbarkeit mit dem Wunsch, dass sich nun auch immer mehr junge Kolleginnen und Kollegen mutig und beherzt an sozial-ethische Verkündigung heranwagen.

Das Gespräch mit Paul Schobel führte Franz Kunstleben aus Stuttgart

»Arbeit und Solidarität«

Paul-Schobel-Stiftung zur Förderung der Betriebsseelsorge in der Diözese Rottenburg-Stuttgart

Die Stiftung »Arbeit und Solidarität«

- unterstützt die Arbeit der Betriebsseelsorge in der Diözese Rottenburg-Stuttgart

- sucht nach neuen Wegen, um als Kirche den Menschen mit und ohne Arbeit näher zu kommen

- hilft Erwerbslosen schnell und unbürokratisch, wenn alle anderen Möglichkeiten ausgeschöpft sind

Die Stiftung »Arbeit und Solidarität«

- ist eine Treuhandstiftung unter dem Dach der CaritasStiftung »Lebenswerk Zukunft« und vom Finanzamt Stuttgart als »gemeinnützig und mildtätig« anerkannt.
  Daher sind Spenden und Zustiftungen steuerlich absetzbar.

- Das Stiftungsvermögen wird unter Beachtung ethischer Kriterien angelegt.

**Zustiftungen und Spenden bitte an CaritasStiftung
»Arbeit und Solidarität«
DE66 7509 0300 0006 4020 03, BIC: GENODEF1M05**

(Bitte geben Sie Ihre vollständige Adresse an,
dann geht Ihnen die Zuwendungsbestätigung unaufgefordert zu!)